文案心理学

COPYWRITING PSYCHOLOGY

引爆产品的7个文案心法

汪吉 汪豪 ◎著

电子工业出版社
Publishing House of Electronics Industry
北京·BEIJING

推荐序一

文案写作是技术,更是读心术

自从互联网被普及以来,文案已经变成一个"国民级"工作岗位。

大量的企业、商家、事业单位都需要招聘文案人员,他们负责运营自媒体账号、撰写文章、创作短视频脚本及各种营销推广类文字。文案早已突破原本作为广告业一个专业职能的范畴。

正因为如此,市面上诞生了大量教授文案创作的书籍和课程。但是很遗憾的是,绝大多数书籍教的只是技巧,如写标题的套路、写长图文的模板、写文章的方法等。这些技巧看似拿来就能用,但是生搬硬套写出来的文案常常效果不彰。

在这种情况下,其实我们需要更加深入地去思考文案到底是什么。文案与个人文学创作不同,个人文学创作多为施展个人才华、表达情感、描绘自己想象中的美妙世界;文案亦与文秘的公文写作不同,文秘的公文写作多为整理信息、汇报材料等工作。文案带有商业目的,即影响他人,让其认可你的品牌、购买你的产品。

因而文案的形式是文字,内里则是沟通和说服。如果不了解你的目

标受众在哪儿,不知道他们拥有什么样的消费心理,那么你的文采再好也注定无用。文案不只是技术,更是读心术。

汪吉、汪豪两位老师从心理学角度切入去讲文案,让人眼前一亮。掌握消费心理对写文案而言十分重要,其对于学写文案这件事来说是最根本的。

当然按照书中的说法,这个读心术的"心"其实指的是大脑,也就是营销界大家经常挂在嘴边的一个词——"心智"。它的英文是"mind",即思维、神志,是以大脑为主体的神经活动。

对于心理学的关注和研究,主要应包括3点。

1. 人类的决策机制

这个机制是关于我们是如何收集信息、认知事物,并形成记忆和判断的。它不仅能帮助你写出好的文案,更能让你理解一个企业的品牌策略和市场策略,让你更准确地把握商业的本质。像本书开篇提到的"大脑研究""心里的两个小人"和"快思慢想"两种思考模式等,都是关于人类决策机制的精华。

2. 消费者在具体情境下的态度和情感

这是帮助你写出好文案的切入点、灵感之源,决定你的文案应该如何与消费者对话。像本书的第6章、第7章,就有极为生动的分析和精彩的案例。

3. 社会文化心理

人是社会性动物。我们所做出的每一个决策和购买行为,不仅受到内在心理世界的影响,如动机、情感、态度、个性等;更受到外部文化世界的影响,如家庭、我们身边的同龄人、所属社会阶层,以及社会流行思潮等。书中提到的案例都是极为生动的。

俗话说,人心难测。这本书不仅把人心"测"了出来,还更进一步告诉你如何将这种心理转化到具体的文案表达和说话方式上。特别是随时随地向读者就一些心理学专有名词和品牌营销专业术语进行解释和说明，更便于读者掌握相应知识。这种生动活泼的形式，令人激赏。

读完这本书你会发现，虽然文案这一岗位对从业人员的专业要求多为写字，但是在文字背后对人心的洞察和把握，才是一名文案人员最核心的竞争力和最宝贵的财富。

空手

《传神文案》作者

广告圈自媒体大号"空手"作者

广东省广告集团股份有限公司前高级营销群总监

推荐序二

再高超的技巧也抵不过"触达人心"

前段时间,好友汪吉盛情邀请我为本书写序,不胜荣幸。出版前我有幸详细拜读了本书,书中的很多观点让我受益匪浅、思绪万千,便写下了这些内容。

深耕市场多年,我深感文案力量之大,好的文案,甚至能让企业逆天改命。再具竞争力的产品和服务,再精准的品牌营销策略,最终可能都要靠"一纸定江山"。

在市场竞争如此激烈的当下,流量越来越贵,转化率越来越低,获客越来越难……你为什么选择我?我能为你带来什么?你真正需要什么?好的文案,通常能用短短几个字快速切入市场,占据消费者的心智。

事实上,不管在哪个行业,文案都是连接市场与用户的中枢。人的消费欲望是受主观意愿支配的,相比摸清文案的模板和套路,了解消费目标人群的喜怒哀乐,用文案激发消费者的欲望,才有可能真正赢得市场。

你是不是也被这些文案洗过脑?"怕上火,喝王老吉""充电 5 分钟,通话两小时""我们不生产水,我们只是大自然的搬运工"……诸

如此类诞生于不同行业的优秀文案,其实都是有迹可循的。它们无一不抓住了产品消费群体的内心趋向,诱发情感共鸣,并弥补消费者的需求空缺,满足心理慰藉。

本书提到一个观点:文案的尽头是多巴胺。吸引眼球、激发欲望、赢得信任、引导下单,每一步都需要与消费者产生情感交互,进而让消费者产生认同感和归属感。面向消费者,广告文案不仅能够传达品牌理念、树立品牌形象和凸显品牌核心竞争力,更能操纵人心,让产品变得有血有肉、有态度。

再高超的技巧也抵不过"触达人心"。所以两位作者合力带来了又一匠心之作,邀请大家一起探寻文案背后的心理逻辑。这本书通过对业界优秀案例的深度剖析,带大家用最简单的语句击中用户内心。我看完之后颇受启发,诚挚推荐给大家,希望也能为你所用。

李灏江
新炬网络副董事长、总经理

前言

从今天起,有了文案的"科学"

一

最糟糕的文案是什么样子的?

就是你觉得人们都会读,但是人人都不会读。

就是你觉得人们都会喜欢,但是人人都不喜欢。

二

最好的文案是什么样子的?

就是人们读了之后,开始对广告中的商品浮想联翩。

就是人们读了之后,喜欢上了你推销的商品,欲罢不能。

你笔下的文字,打动了消费者的心,他们为你的文字而买单。

三

今天的人们想要什么?

在全面建成小康社会的今天,人们想要什么,不再是一种非条件反

射，而是一种条件反射。人们想要什么，主要源于他们看到生活中的"别人"拥有什么，而"'别人'拥有什么"的源头，是"别人"看到广告在宣传什么，看到广告中的模特（或者代言人）拥有什么或推荐什么。这里的"生活中的'别人'"，本质上是那些喜欢追赶潮流的消费者，或者称其为消费的先行者。当然，今天的商品宣传方式已经不限于传统意义上的广告了。

所以，从根本上讲，人们并不知道自己想要什么，而是在广告或明示或暗示下，觉得自己"应该"拥有什么。

今天，无论人们怎么说着他们讨厌广告，无论所谓的行业专家怎么发表毫无根据的"广告已死"的言论，始终没有一种力量比广告更能影响人们的购买行为和消费偏好，任何企业都无法忽视广告对其发展的影响力。

人类创造不止，消费不断升级，未来，广告的力量只会越来越强。
文案作为广告的核心要素，它真正的力量，才刚刚被人们发现。

相信读完这本书之后，你会更加坚信这一点。

四

文案，是商品信息最直接和有效的表达，是一支广告、一场广告战役及一个品牌长远发展的决定性要素。

一位优秀的文案人员、一篇有感染力的文案，能让我们开心，让我们伤心，让我们兴奋，让我们冷静，让我们畅想未来，让我们回到现实……通过文字的力量，让品牌深入人心，让人们对广告的诉求产生积极反馈。

毋庸置疑，今天我们已处在一个非常成熟的消费时代，我们可以做这样的形象描绘：消费者不需要的，商家已经停止经营；消费者所需要的，商家正在提供；消费者想要的，商家正紧锣密鼓地上架；消费者还没意识到想要的，商家正在悄悄策划……

文案在表达着什么呢？"你需要的，广告商有""你想要的，广告商有""你还没意识到你想要的，你值得拥有"……或者换一个角度，"广告商有你需要的""广告商有你想要的""你值得拥有广告商给你的"……

文案与文案的区别在于，你是直截了当地说，还是间接隐晦地暗示，是疾风骤雨般强压灌输，还是春风化雨般潜移默化。但不管怎样，广告商都是在消费者的欲望之路上，迎合他们，满足他们，让他们幸福。

所以，在某种程度上，文案人员和医生并没有什么区别，医生经由医学原理，检查和分析患者病理，开出一张张处方单；文案人员经由"文案原理"，调查和分析消费原理，写出一份份文案。唯一的区别是，医生救治（治愈）人的身体，文案救治（治愈）人的心灵。

五

回到文字本身，文字的基本功能是什么呢？

过去，文字或传达事实、记录历史、传承文化，或讲述故事、编造谎言、粉饰过去。随着现代广告的诞生，文字多了一个"说服购买"的功能。在上百年的现代广告史上，文案人员"妙笔生花""一字千金"，为金主或"雪中送炭""锦上添花"，或"摇旗呐喊""推波助澜"。

在文字作品过于饱和的今天，依靠文字生存越来越难，而广告业为喜欢文字工作的人们发挥价值和获得收益提供了机会，所以文案人员要感谢广告业。或许在未来，最伟大的文学作品，不一定都诞生在纯文学创作领域，而是越来越多地出现在广告文案作品中。

如何发挥文字的说服购买功能呢？如何让文字成为文案人员手中的"获利工具"？如何让文案人员成为备受尊重的职业？如何让文案写

作成为一门真正的"科学",而不是纯粹的天马行空或随意而为的文字游戏?……

这些都是笔者多年来不断努力实践和写作的目的,而你拿在手上的这本书,可以说是我们这一初衷的极致体现。

六

无论文案是普通的还是美妙的,是诚实的还是狡猾的,是低调的还是浮夸的,是朴素的还是华丽的,是乏味的还是有趣的,它的本质只是在传达品牌信息或销售信息,它只是将我们有必要向客户或消费者面对面讲述出来的话语,结合时代文化环境和消费者品位的变化,转化为适合在特定媒体上进行传播的文字,再经由客户或消费者的主动理解和认知,对品牌或企业产生一定的情绪反应和消费态度。

一句广告文案为什么会起效,它起效的心理、认知和行为逻辑是什么?今天,中国的文案文员可谓千千万万,他们每天都在参考、借鉴、临摹、创作,有时候文思泉涌,有时候搜索枯肠,却很少有人会花时间研究文案起效的根本原因和底层逻辑。

不过这也不能责备文案人员,在今天的大学专业教育和可参考的文献中,较少有学者或专业的书籍试图教会他们如何分析和掌握文案的底层逻辑。专业人员和专业书籍,大多只是沉溺于浅显的总结和表面的应用,业界需要进行深入的研究,让文案人员的学习和工作升级,这是业界真正应该肩负的责任。

七

"广告是一门科学还是一门艺术?"

这是广告业和广告教育领域一直讨论的焦点问题之一。在这本强调

"广告是一门科学"的书籍的开头，我们想对这个问题发表一点看法，希望广告业的从业者和教育者，不再试图通过引用所谓大师的"广告是一种艺术"的"名言"，来掩饰广告理论的肤浅和欠缺。希望我们能借由本书开始，发扬"求真务实"的精神，进一步践行广告业和广告理论的科学发展观。

广告是兼具科学性和艺术性的。一方面，科学是广告的创作逻辑，也就是本书所根植的语言学、语用学、心理学、传播学、脑科学、认知科学、市场营销学、消费者行为学等科学理论。没有科学理论的支撑，文案就成了毫无根据的"文字游戏"。另一方面，艺术是广告的表现手法，在文案中，文字语句的表现手法让我们的文案更具美感、想象力和诱惑力。不过，尽管广告的另一面是艺术，其艺术表现的每一个细节，都是基于科学理论的选择，而非一时的冲动。

我们认为，广告的科学性和艺术性是合二为一的，作为广告中的核心要素，文案是基于科学理论的艺术表达，这也正是文案的价值和魅力所在。

基于这一核心思想和写作原则，相信本书所呈现给你的，在理论的深度和广度上，都会和你所看到的其他文案书籍大为不同。

八

那么，文案是如何起效的呢？我们应该怎么对待文案写作，应该如何发挥好我们手中的文字的说服购买功能呢？

在写这本书之前，我们写了很多关于文案的书，如《走心文案》《顶尖文案》《策划在左，文案在右》《笔尖：创意文案42式》，这些书在中国文案领域，都有一定的影响力，但是它们都只是基于已有的文案案例进行的解析和总结，虽然能够给文案人员提供一些写作的方法和技巧，

却没有真正带领读者走进文案的底层，没有从基础理论的层面给读者带来真正的知识，这也是我们觉得比较遗憾的一点。

当然，也可以说，在市场上发行的许多文案书籍，都和我们之前出版的书籍一样，如果说它们是"文案1.0"的书籍，那现在你拿在手上的这本书，可以说是一本真正进入了"文案2.0"的文案书。如果可以，希望它能成为文案理论发展史上的一座里程碑，带领文案人员进入新的认知境界。

因为，为了写这本书，我们已经用了二十几年的时间做准备。从二十世纪90年代末到今天，我们用了二十几年来写文案，研究文案，撰写文案书，最终毫无保留，竭尽全力，力臻完美，为读者呈现了这本书。

这本书是一本够实诚和够有分量的书，希望它能像我们所说的一样，让你真正有所收获。

不管怎样，我们为这本书所投入的时间和精力，已经到了极致。

九

这本书不是一本教材，但是我们希望它能成为文案人员或可能从事文案工作的人的理论必读书，所以我们按照章节及课程设置的形式来写作，希望能帮助读者系统建构关于文案（心理学）的理论认知。

本书一共分为7章，以7堂课的方式，和读者分享80余个知识要点。它涵盖了180余个常用心理学名词释义，全面解读70余个心理学效应，并深度剖析了200多个爆款文案，横跨语言学、语用学、心理学、传播学、脑科学、认知科学、市场营销学、消费者行为学、广告学等多个学科，帮助你掌握文案的科学逻辑。

在中国的武侠小说中，师父往往更看重徒弟的"内功修为"，他们认为招式能否制敌，除了招式本身是否精妙，更在于内功修为是否够深厚。我们希望这本书能成为提升文案人员内功修为的书,让他们能将各门各派的招式运用得更加娴熟,成为"叱咤江湖"的文案高手。

十

最后,如果你在读了前言之后,迫不及待地想要阅读本书的内容,那么这篇前言也可被称为一篇好文案。

如果你读完本书之后,觉得前言是本书写得最糟糕的部分,那么说明这本书是一本真正的好书,而这正是我们写本书的目的。

如果你觉得这是一本好书,那么我们希望你能将它推荐给你正在从事文案工作,以及可能会从事文案工作的朋友,他一定会感激你。同时,中国文案人员的整体素质和创作水平也会因为我们的共同努力而不断提高。

中国需要更优秀的文案人员,中国需要科学的文案书籍。

从今天起,我们有了文案的"科学"。

欢迎进入文案的"科学世界"。

目录 / Contents

第1章 你认识"我"吗 /1

1.1 文案的新现实 /4
1.2 文案走的是心吗 /10
1.3 一个人有几个脑 /15
1.4 我们心里的两个小人 /20
1.5 男女有别，文案有别 /25
1.6 文案的尽头是多巴胺 /31

第2章 什么是文案 /41

2.1 文学在左，文案在右 /43
2.2 为什么你的文案没人看 /50
2.3 文案=文心+解决方案 /55
2.4 如何把文案写成一棵树 /61
2.5 好文案，坏文案 /68

第3章 消费者到底要什么 /79

3.1 他们为什么不买这个 /82
3.2 消费者是如何做选择的 /89
3.3 有 AB 两个消费者 /96

3.4 文案就是要趋乐避苦 /101

3.5 你的消费者被堵在路上 /108

第 4 章 从产品到客户 /115

4.1 找到你的产品 A 点 /118

4.2 第 11 名的产品没人买 /124

4.3 为什么新版的产品更好卖 /130

4.4 让客户听懂你的语言 /136

4.5 做个像榨汁机一样的文案 /143

4.6 用产品观敲开客户心门 /148

第 5 章 文案说话 /155

5.1 人们是如何说话的 /158

5.2 对一个人说还是对一群人说 /163

5.3 从客户已知的说起 /167

5.4 文案越分形越好看 /171

5.5 文案在零度与偏离间 /179

5.6 给你的文案加个滤镜 /186

第 6 章 如何吸引客户的注意力 /195

6.1 为什么他们总是不注意 /198

6.2 吸引是文案的第一性原理 /204

6.3 先假设客户不会看 /210

6.4 如果有人喊你的名字 /217

6.5 嘘,偷偷告诉你一个秘密 /223

6.6 老板,我给你讲个故事 /229

第7章 摁下客户的"购买按钮" /237

7.1 说服别人为何那么艰难 /240
7.2 有个按下就购买的按钮 /244
7.3 都是情绪惹的祸 /251
7.4 你要像个销售员或调酒师 /258
7.5 客户是一种社会性动物 /264
7.6 利用决策偏差影响你的客户 /271

第 1 章

你认识"我"吗

认识你自己吧。
——苏格拉底，古希腊哲学家

思维真的是限制我们的一堵墙吗？世界到底有多大？在墙的另一边。
——高铭，《天才在左，疯子在右》作者

广告背后存在着一种哲学，它来自古老的观察：每一个人其实都是两个人，他自己和他想要成为的那个自己。
——威廉·费瑟，美国作家

"用帮宝适，让妈妈睡个好觉。"

这句文案，你觉得怎么样？

1961年，宝洁做出了全新首创的一次性婴儿纸尿裤产品：帮宝适。纸尿裤的诞生，解放了成千上万为洗尿布而头疼的妈妈，这个产品也因此被美国《时代》周刊评选为20世纪最伟大的100项发明之一。

在帮宝适正式推向美国市场前，宝洁做了大量的市场调查，发现新妈妈有一个**痛点**：晚上睡不好觉，甚至导致产后抑郁。为什么呢？因为婴儿尿床后会哭闹，新妈妈就得起来哄孩子，即便是爸爸妈妈轮流照顾婴儿，时间长了也吃不消。

于是，帮宝适最初的广告文案是："用帮宝适，让妈妈睡个好觉"，直接传递产品的功能属性，解决新妈妈晚上睡不好觉这个痛点。

毫无疑问，帮宝适确实有这个功能，让宝宝一个晚上不用再换纸尿裤，或者最多半夜起来换

从生理学角度看，**痛点**是人体柔软脆弱的部位，按压触碰或者刺激之后就会感觉到痛。

在消费心理学中，痛点是指客户迫切需要满足，而市场不能充分满足的需求。这之间形成的落差和不满，在客户心智中聚成一个点，引发负面情绪。

一次。文案创意也挺好的,直接针对目标客户的痛点,提出产品核心价值主张。那么帮宝适的广告推出后,产品销售情况怎么样呢?

销售业绩表现平平,远远没有达到公司预期。通过进一步的市场调查,宝洁发现,纸尿裤是个新产品,所以新妈妈们对"用帮宝适,让妈妈睡个好觉"有**内疚**感和罪恶感。为了让自己睡个好觉就不管宝宝了,这显然不是一个好妈妈,同时,家庭中的很多老人也认为新妈妈想偷懒,才会给宝宝用纸尿裤。

随后,宝洁重新创作了文案,把"让妈妈睡个好觉"改成"用帮宝适,宝宝干爽睡得香"。新的文案把输出的关键点指向宝宝,重点宣传纸尿裤的强吸水性,能让宝宝半夜睡觉不再哭闹,有助于提高宝宝的睡眠质量。

后来,帮宝适很快就打开了市场,迅速成为畅销产品。甚至在客户群中形成了不用纸尿裤是错的,使用纸尿裤才是真的对宝宝好的消费认知。

> **内疚**是心理学近年来的一个重要研究主题,当人们感到内疚时,就会自责,对行为持否定的态度。
>
> 但适度利用内疚营销,反而让人们更快乐,促进人们为产品花钱。耶鲁消费者中心曾经做过实验,结果发现:即使微小的内疚感,也能放大随后的自我纵容带来的快乐。
>
> 比如劲酒的"劲酒虽好,可不要贪杯",看似是提醒不要多饮,却巧妙地勾起了消费者跃跃欲试的欲望。

1.1 文案的新现实

其实,每一种新产品在上市的时候,大多会面临像帮宝适这样的文案困境。

电饭煲刚进入日本的时候，其方便快捷、操作简单的功能卖点，迅速吸引了家庭主妇们的关注。但那时社会舆论认为使用电饭煲是"偷懒、不够贤惠"的表现，即便家庭主妇们非常喜欢电饭煲，却担心被亲朋好友扣上一顶"对家庭不负责任"的帽子，所以真正购买电饭煲的人并不多。

后来，品牌商把文案改为主打电饭煲"可以最大程度利用食物中的营养，让吃的人更加健康"的特点，电饭煲才开始成为市场上的热门产品。

电动牙刷也是如此。2003年，电动牙刷进入中国市场，品牌商为了吸引白领消费者，将其文案定为"电动牙刷，每次帮你省下10秒刷牙时间"，意在帮助忙碌的白领省时省力。

据当时的代理商反映，做电动牙刷的利润比较高，所以终端销售都比较卖力，但由于"省时"这个点远没有形成迫切的消费**需求**，往往一个月只进货几十支还不一定卖得出去。

需求是指人们对某种目标的渴求和欲望，包含基本生存需求到各种高层次需求。如果个人需求得不到满足，其内心往往会不安、紧张，最终便会采取某种行动。

最终电动牙刷的文案着力点，大家应该都知道了，那就是"电动牙刷，刷牙更干净"。例如，一款电动牙刷产品在电商平台的文案就是"从齿缝到牙龈，从斑渍到口气，一支全搞定"。

"心价比"时代

2005年起，全球咨询公司麦肯锡针对中国消

费者进行持续性的研究。麦肯锡的《2020年中国消费者报告》显示，中国中等收入群体目前超过3亿人，并将持续增加，预计到2025年将超过5亿人，覆盖中国城市人口的一半以上。

新中产之所以"新"，在于他们具有全新的消费逻辑和生活主张。新中产带来了"新消费"：从追求拥有到追求**体验**，从注重价格到注重品质，从面子需求驱动到个性化需求优先。

新中产关注自己的生活品质，同时具备理性消费的头脑。这在全社会催化了消费观的进阶：越来越多的人选择为"心价比"买单。

什么是"心价比"呢？

知萌咨询发布的《2021中国消费趋势报告》指出：所谓"心价比"，是指消费者愿意为产品给自己带来的"感受与体验"支付溢价，对于消费者来说，从购物中获得价值感与幸福感，是比购物本身更重要的事情。

1. 消费 1.0 时代

消费者在购买商品前，更加关注商品本身的"性价比"，选择最为经济实惠的商品。

2. 消费 2.0 时代

消费者的消费观发生进阶，在关注商品自身功能属性的同时，也会关注商品的"颜值比"，"颜值即正义"。

直至今天，**体验**都还没有公认的定义。我们将体验描述为：是人们通过参与或接触事件或主题所获得的可供回忆的一种个性化感受。

体验是实际体验和客户期待之间的差，如果你提供的体验超过人们的期待，那就是一个好的体验。

3. 消费 3.0 时代

今天已经进入了消费 3.0 时代，消费者愿意为一个商品花多少钱，更多取决于这个商品给他们带来的体验和对于"自我"的价值。

在"心价比"时代，无论商品、营销，还是文案，需要更多地满足消费者的**情感**需求，与消费者建立情感连接，触动消费者的内心。

> **情感**是心理过程之一，《心理学大辞典》中指出，情感是人对客观事物是否满足自己的需要而产生的态度体验。
>
> 情感包括道德感和价值感两个方面，具体表现为爱情、幸福、仇恨、厌恶等。

文案的热带雨林

常言道：一句好文案，胜过千万营销。那些平庸的文案，不仅对营销无益，还浪费了企业宝贵的时间，使其错失市场机会。

不只是新产品，在营销的所有环节，文案都是最关键的要素之一。正因为如此，文案的发展从来没有像今天这样繁荣和被重视。从纸质的报纸、杂志、海报、宣传单页，到电视广告、广播广告、户外广告，以及产品说明书、软文、企业内刊，乃至公关活动方案、幻灯片，这些都是文案。

随着互联网和社交媒体的兴起，文案更是进入一个爆发的时代，只要一个人能够写文字，他就能创作文案。文案几乎无处不在，网站栏目、标题、正文，你给客户推送的海报、短视频、公众号文章、邮件、电商平台上的产品介绍、详情页，以及各类 App，文案都在帮助营销人员更好地

和目标客户进行沟通。

当下信息获取便捷，产品、品牌、渠道和媒介的极大丰富，让消费者时刻处于一种信息过载的状态中。今天的消费者，就像媒介"零食者"，一会儿尝尝这个，一会儿尝尝那个，注意力分散。

在作家张炜看来，日夜翻涌的语言文字就像一片热带雨林，"这里有大量动物出没，有蜘蛛和蟒蛇，有葛藤和食人树，还有藏了怪兽的沼泽水汊。当然这里还有美到令人惊异的花卉和果实，有惊人的繁殖和生长，高大的绿植铺天盖地"。

想象你是一个旅人，身在这样的热带雨林，闷热而嘈杂，有意外的美好，亦有潜在的危险。那么，什么样的景色会吸引你的注意力，在继续前行的过程中又该如何缓解你的不安与焦虑？

今天的文案，已经不再是单纯的广告文案，撰写文案和撰写商务文书一样，成为每个职场人必备的工作技能。无论正式的方案提报、出街广告，还是发个短信、邮件、朋友圈、短视频，大家都尽可能地审核、优化、锤炼文字。

但不要以为参与艺术的人多了，就一定是艺术的大时代。

因为工作原因，我身边有很多从事文案工作的朋友，这么多年下来，大家有一个共识：文案是一份职业，事实上每个人都可以做文案，但是没有几个人能做好文案。

新文案的两大痛点

不知道你有没有过这样的感受：

拿到一个文案任务，坐在办公桌前，大脑一片空白，没有思路、没有想法、没有创意，痛苦又煎熬，那种感觉简直让你抓狂，恨不得把头发都揪下来。

你加班熬夜苦思冥想写出来的文案，"金主爸爸"却总是让你再改改，或是伴随广告投放出去后反应平淡，阅读量少得可怜。目标客户不喜欢看，也不愿意看，更不会点开你和整个团队精心策划的产品详情页面。

更糟糕的是，很多客户已经详细看了你的文案，却好像看不明白，无法触发他们的情感和行为反应。就像一个你维护很久的客户，临到签单时他说不买了，真是让人绝望。

没**灵感**、没人看、看不懂，其实不只是文案，所有做策划、创意和设计的人都遇到过这些问题，而且还会多次遇到这些问题。

揭开问题的表象，显露出来的是新的营销现实下文案的两大痛点：

1. 产品同质化

今天绝大多数的产品，都有大量的企业在生产，产品差异小，技术含量趋同。你能提供的产品功能，其他人也能提供，你认为你的产品卖点独

灵感是人们思维过程中认识飞跃的心理现象。简而言之，灵感就是大脑中产生的新想法，它源于经验、知识、思考、甚至压力等。它可能是一个新的主意，也可能是你对习以为常的事物的新理解和领悟。

特，但是在客户看来还是很同质化的，产品同质化、品牌同质化、文案也同质化。

2. 客户认知成本高

人世间最难的事，莫过于把思想装进别人的脑袋。在文案的热带雨林中，客户认知成本很高，他们不太能注意，不太能理解，不太能记忆，也就难以被吸引且购买你的产品。

对于很多文案来说，产品同质化和客户认知成本高这两大痛点，就像看不到尽头的墙板和楼板一样，拦住了他们奔向金牌文案的道路。如果不及时拆解的话，你的思维就会发生变化，由正能量转变成负能量，这些负能量就像会生长一样，不断在你的思维里砌筑，把你"保护"起来。

于是，领导问你怎么还不交稿呢，你说没灵感啊。领导问你怎么都没人看呀，你说市场产品竞争太激烈啊。领导问你怎么转化率那么低呀，你说客户在观望吧。

> 认知是指人们获得或应用知识的经过，这是人最基本的心理过程之一。
>
> 认知成本简单来说就是人们克服"懒"的能力和动力。对于文案来说，信息的复杂程度和人们自身的智商、情商、性格等综合下来的能力会影响认知成本。

1.2 文案走的是心吗

有一年冬天，我在北京出差，在街上看到了一块宜信普惠的户外广告牌，上面刷墙式地写着一句文案：这个朋友肯借钱。

当时气温很低,寒风像刀子一样刮着我的脸,冰冷的感觉沿着裤管直往上蹿,在看到这句文案的那一瞬间,我却仿佛感受到了一丝温暖。这个刷墙广告式的设计,与满街的高档商场和写字楼反差很大,却更让人有一种诚恳、亲民、乐于助人的品牌感。

很多年过去了,我都还记得这句让我很走心的文案。借钱不是一件容易的事,宜信普惠的一个"肯"字,把它的品牌**人格**化,并以拟人化的口吻深深打动了我。

先来做个测试

现在来做一个测试,看看你的选择是什么。
你认为走心文案"走"的是什么?

A. 心脏

B. 大脑

我在微信朋友圈做过这个测试,大约有 40%的朋友选择了 A,60%的朋友选择了 B。当然还有一些比较有意思的回答,比如走灵魂、走眼睛、甚至还有走脚、走酒量的。

那你选择的是 A 还是 B 呢?

其实"走心"不是一个新词,在古代就已被使用,不过意思与现在完全不同,意为离心、变心。随着网络语言的发展,走心演化为"用心、

人格,也就是一个人的"个性",是个人带有的倾向性的、本质的、比较稳定的心理特征,表现为兴趣、爱好、能力、气质、性格、动机等的总和。

人格化是文案写作中的常用手法,对产品赋予人的特征,让其具有人的思想、感情和行为。

人格心理学是心理学的一个重要分支,主要研究人的心理差异。高尔顿·奥尔波特于 1937 年提出人格特质理论,他被称为人格心理学之父。

专心"之意。而走心文案,成为广告打动消费者的一种主要方式,在广告中被广泛使用。

找马创始人、金牌文案陈绍团创作了很多经典的走心文案,比如2003年万科兰乔圣菲别墅项目的推广文案是这样写的:

"踩惯了红地毯,会梦见石板路。

还没进门,就是石板路,黄昏时刻,落日的余晖在林荫路上泛着金黄的光,再狂野的心也会随之安静下来。车子走在上面会有沙沙的声响,提醒你到家了。后庭的南面以手工打磨过的花岗石、板岩等天然石材拼就,供你闲暇之余赤脚与之厮磨。屋檐下搁着石臼与粗瓷坛,仿佛在静静等待着雨水滴落,追忆似水的年华。"

高端地产项目,面对的大多是注重**身份**匹配度和居住舒适度的高净值客户,这种类型的客户对尊崇感和体验感的追求更高。

万科兰乔圣菲的系列文案,除了"踩惯了红地毯,会梦见石板路",还有"没有一定高度,不适合如此低调""一生领导潮流,难得随波逐流""看不见浮华,正是价值所在""有痕迹,才够完美"等,很好地传递了项目的质感和调性,打动了无数的消费者,成为万科地产营销历史上颇具影响力的文案。

彼得·温奇指出:**身份**是一个人在当下进行自我诠释的方式,体现了一个人对未来自我模样的期待。身份认同是心理学和社会学的一个概念,指一个人关于自我特性的表现,以及与某一群体之间所共有的观念(国籍或文化)的表现。

为什么文案要走心

汽车业也有很多走心的文案，比如 2014 年 11 月，沃尔沃正式发布新款 XC60 豪华 SUV。为提升新款 SUV 在目标人群中的品牌定位，沃尔沃在垂直汽车媒体上投放了大量文案为"别赶路，去感受路"的广告。

在沃尔沃看来，车主选择沃尔沃，是因为希望借助沃尔沃的舒适与安全，去体验路上不同的风景。漫漫旅行路，风声比掌声更动听，阳光比荣誉更耀眼，每一位沃尔沃的消费者，都是旅行家，不拘泥于目的地，只愿感受沿途的美好。

为什么各大知名公司和品牌商都热衷于创作走心的文案呢？

其实，就是希望通过有策略的文字，让目标客户产生共鸣和共情，引发他们情绪和情感的代入，进而赢得他们对产品的认同和支持。

这在心理学上被称为**移情效应**。古人有云"爱人者，兼其屋上之乌"，意思是说，因为爱一个人而连带爱他屋上的乌鸦。今天我们以"爱屋及乌"形容人们爱某人之深以致爱及和这人相关的人与物，这是移情效应的典型表现。

对于文案来说，移情效应的价值就更大了。2021 年 7 月 21 日，运动服饰品牌鸿星尔克宣布捐

> **移情效应**是指人们在对特定对象形成深刻印象时，当时的情绪状态会影响他今后对特定对象及其关系者（人或物）的评价的一种心理倾向。即把对特定对象的情感迁移到与该对象相关的人或事物上。

移情效应表现为"人情效应""物情效应"和"事情效应"3个方面。

心理学研究表明,不仅爱的情感会产生移情效应,恨的情感、嫌恶的情感、嫉妒的情感等也会产生移情效应。

赠 5000 万元物资驰援河南受洪灾区。而在这之前,这家企业正深陷巨额亏损之中,鸿星尔克因慷慨捐赠一夜爆红,网友纷纷表示"感觉都要倒闭了,它还捐这么多""心疼这个快要倒闭的品牌"。

大家感受到了鸿星尔克的爱国之心,纷纷跑到鸿星尔克直播间、线上和线下门店消费,几天时间就把鸿星尔克的各种产品买断了货。由于过于火爆,连鸿星尔克董事长吴荣照都不得不亲自出面,呼吁广大网友理性消费,结果却遭到一众网友的反驳,大家纷纷表示鸿星尔克都在"野性捐款"了,我们也要"野性消费"。

文案走的是大脑

回到前面的测试,你选的是 A 还是 B 呢?

关于心脏和大脑的关系,现代医学已经证明大脑是人体的高级中枢,其控制着人体的一切生理活动。我们常说的"七情六欲"等情感心理行为,实际上都是大脑的思维活动,它们都是大脑功能活动的表现形式。

七情六欲是指人们各种情感和欲望的心理反应。

七情是指喜、怒、忧、思、悲、恐、惊的感情的表现或心理活动;六欲是指人的眼、耳、鼻、舌、身、意的生理需求或愿望。

古代的人们不懂得解剖,认为人的思维都来自"心道",而不是大脑。于是就形成了思维定式,一代又一代传承下来。拿心理学的英文名 psychology 来说,它源于古希腊语,意思是"研究灵魂的学问",其背后还藏有一个浪漫的古希腊神话爱情故事。

现代医学的发展，打破了人们很多过去的错误认知，不过因为习惯因素，人们还是把人类的情感思维活动归结为心理活动。比如今天人们常说的"你心里是怎么想的"，实际上应该说成"你脑子里是怎么想的"，因为并不是"心"在想，而是"脑"在想。

那么文案走的是心吗？

当然不是，文案走的是大脑。

在很多人眼里，**心理学**是一门神秘的学科，文案心理学作为心理学在广告应用上的一个分支，研究的是与文案有关的人的各种心理活动规律，比如感觉、注意、理解、记忆等人的信息加工过程，以及需要、动机、情绪等行为最一般的规律，就是希望你能够充分了解"我"，让你的文案能够轻松走进客户的大脑。

心理学是一门研究人类及动物的行为与心理现象的学科，包括理论心理学与应用心理学两大领域。
理论心理学分为普通心理学、社会心理学、发展心理学、认知心理学等。
应用心理学分为消费心理学、教育心理学、管理心理学、医学心理学等。

1.3 一个人有几个脑

把目光延伸至 2000 多年前，在《理想国》中，哲学家柏拉图讲述了一场"战争"，这场战争不是城市或国家之间的战争，而是发生在我们每个人内心的战争。

本能这一概念来自达尔文的生物学理论，该理论认为，动物的本能是一种天生的力量，表现为可以预见的、相对固定的行为模式。

精神分析创始人弗洛伊德认为，本能是促使人类产生某种行为但不为当事人所知的内在力量。

为了控制你的行为，3种内在力量进行着永无休止的战争。第1种力量是基本的生存**本能**，例如食欲和性欲。第2种力量由你的情感组成，例如喜悦、愤怒和恐惧。柏拉图写道：你的本能和情感就像动物一样，会把你的行为引向不同的、也许是不明智的方向。为了对抗这种混乱，你产生了第3种内在力量，也就是理性思维，来控制这两种野兽，引导你走上一条文明和正义的道路。

想想看，在工作和生活中，你是否也经历过欲望与理性之间的内心战争？

明明要看书，手却拿起了手机。明明要减肥，却又忍不住吃起甜点。每次都想及时完成工作，却总是拖到最后一刻。耐克有一句文案就是这样写的："Yesterday you said tomorrow（昨天你说等明天）。"

三重脑

毫无疑问，柏拉图的"战争"对后人产生了深刻的影响。

1923年，弗洛伊德在他的重要著作《自我与本我》中提出的人格结构理论，就源于《理想国》的论述。弗洛伊德认为，一个完整的人格结构由本我、自我和超我3部分组成，3个"我"互相作用，对人的行为产生不同的支配作用。

科学家们也把柏拉图的"战争"映射到人的大脑研究上。1970年，神经学专家保罗·麦克里恩首次提出了三重脑假说，试图解释人的大脑是如何进化的。

麦克里恩当时是美国国家精神卫生研究院脑进化与行为实验室主任，他依据长期的脑科学实验结果，提出了一个大胆的大脑假说：人的大脑并非只有1个，而是有3个，分别是爬行动物脑、古哺乳动物脑和新哺乳动物脑，人脑是经过这3个层次的演化而形成的。

1. 爬行动物脑

爬行动物脑也称本能脑，它位于大脑最里层，是最早演化出来的脑结构，大约出现在4.5亿年前，包含脑干、小脑等部分。爬行动物脑掌管着对生命来说至关重要的功能，比如心跳、呼吸和睡眠，并控制着身体完成各种应激反应。

2. 古哺乳动物脑

古哺乳动物脑也称情绪脑，它位于大脑中间层，包裹着爬行动物脑，大约在5000万年前演化出来，主要是指边缘系统，包含海马体、杏仁核、下丘脑等。古哺乳动物脑生成各种情绪、记忆，包括最基本的兴奋、恐惧等。

3. 新哺乳动物脑

新哺乳动物脑也称理智脑，是指大脑的新皮层，占据了整个脑容量的2/3，分为左右2个半球，

大脑边缘系统是人的情绪化行为中枢，主要由海马体、杏仁核和下丘脑3个部分组成。
海马体主要负责大脑获得记忆，不同的部位会影响不同记忆。

杏仁核主要负责情绪相关的功能。

下丘脑主要负责维持身体内部的平衡,如饿了、渴了就想吃饭、喝水,这就是下丘脑提醒你需要补充能量了。

大约 2 万年前才演化出来。新哺乳动物脑控制着更高级的脑功能,比如语言、抽象思维、计划、感知等。

很显然,人的这三重脑并不是预先设计好的,它更像一台组装计算机,所以在工作中会出现很多兼容问题。本能脑和情绪脑主要涉及与生存相关的内容,所以显得十分"短视",会让我们在心态上急于求成,行为上趋易避难。同时,本能脑和情绪脑特别强大,控制能力很强,因此人们在生活中做的大部分决策往往源于本能和情绪,而非理智。

销售脑

人的大脑到底是如何工作的?这个小巧而又复杂的器官,是如何产生各种情感、动机,并做出各种不同决策的呢?

神经营销专家帕特里克·任瓦茨在三重脑的基础上,对销售如何影响大脑进行了研究,并在 2003 年出版了一本名为《销售脑》的书,提出人有 3 个脑,只有 1 个旧脑负责做决策。

1. 旧脑

旧脑用来决策,它能直接或间接地接收来自脑及其他神经系统的输入,并触发决策。

2. 间脑

间脑用来感知,主要处理情感和直觉。

3. 新脑

新脑用来思考，主要处理理性数据。

旧脑是个很原始的器官，是原始进化过程的直接结果，也是最先形成的脑，随后才发育出间脑和新脑。旧脑是负责决策的主要中枢。

这就很有意思了，旧脑作为一个非常古老的存在，已经进化了4.5亿年，而人类的语言才发展了4万年，文字出现得更晚，1万年前农业化之后才开始萌芽。面对一个比文字还古老如此之多的旧脑，单纯的文字是很难影响旧脑的，或者说，旧脑压根儿就不理解文字。

如何才能有效地触动旧脑这个真正的"决策者"呢？《销售脑》一书提道：除了处理直接来自间脑和新脑的输入信息，旧脑只对6种刺激源做出反应。

1. 以自我为中心

旧脑是个"自私鬼"，完全以自我为中心。旧脑不关心你的产品、价值观，只有听到你能为它做什么，带来什么好处，它才会对你感**兴趣**。

2. 对比

旧脑的根本任务是保证你的安全，它高度关注突发情况或状态的改变。旧脑对清晰的对比很敏感，如果没有对比，旧脑就会陷入一个迷茫的状态，并导致延迟决策或根本不做决策。

> **兴趣**，也称"爱好"，是人认识某种事物或从事某种活动的心理倾向。
>
> 兴趣在人的心理行为中具有重要作用。当你对某事物感兴趣时，便会对它产生特别的注意，致使观察敏锐、记忆牢固、情感深厚。

3. 具体可见的信息

旧脑不善于处理书面文字。使用文字，尤其是复杂的文字会降低旧脑解码信息的速度，它会自动把处理信息的负担转移给新脑。而新脑只会"分析"，并不会做出决策。

4. 开头和结尾

出于维持生存的本能，旧脑会对开头和结尾特别警觉，同时为了尽可能保存能量，它倾向于忽略中间过程的信息。

5. 视觉刺激

旧脑是视觉敏感的，视觉比其他感觉传达的信息要丰富和迅速，这符合大脑"懒"的本性。从进化顺序来说，视觉是最先进化出来的，而听觉出现的时间最晚。所以说，"颜"即正义。

6. 情感

旧脑只会被情感触发。当我们经历悲伤、愤怒、欢乐、惊奇的时候，一些荷尔蒙的混合物质会涌入大脑，影响**神经元**之间的突触连接，使得它们的反应比平常更快、更强烈。

神经元即神经元细胞，是神经系统最基本的结构和功能单位。

突触一词首先由神经生理学家 C.S.谢灵顿于 1897 年引入生理学，指两个神经元之间或神经元与效应器细胞之间相互接触，并传递信息的部位。

1.4 我们心里的两个小人

随着现代科技的发展，最新分子遗传学的研

究表明：三重脑假说毫无根据。2020年，认知神经科学家丽莎·巴雷特在《大脑的七节半课》中指出，三重脑是个"神话"。大脑不会分层发展，哺乳动物的大脑是通过同种类神经元的作用机制构建出来的。每个物种的大脑都具有独特的、适应其生存环境的能力，并无高低之分。

然而到今天，三重脑假说依然广为流传。我也常用这个假说来讲解文案应该如何创作，因为它比喻得实在是太形象了。另外，从个人角度来说，如果我们的恶习真的源于内在的"野兽"，那么自责的心理压力就会少很多。

原始大脑与理性大脑

后来，神经营销专家任瓦茨指出，"旧脑（爬行动物脑）是最终的决策者"这个说法是有争议的。任瓦茨在2018年出版的《销售脑科学》一书中，提出原始大脑和理性大脑的双系统模式，认为人的大脑是由双系统共同作用的，原始大脑起主导作用。

1. 原始大脑

原始大脑是最早进化出来的部分，负责管理人体关键的内部状态，控制注意力和情绪，解决与生存相关的优先问题，而这些活动都是在潜意识中进行的。

2. 理性大脑

和原始大脑相反，理性大脑是大脑中最年轻的部分，也是演化更多的部分，它有思考、读、写、进行复杂运算的能力。人们大部分的购买决策是由理性大脑做出的。

但令人吃惊的是，影响购买决策的是原始大脑。也就是说，如果你要说服一个人购买你的产品，这个过程是由他的原始大脑主导的，而不是由他的理性大脑控制的。

快思慢想

大脑长在我们的头上，每个人都认为自己能够驾驭自己的思想。但事实上，理性并非一直可靠，人们的决策和行为常常被许多看不见的因素影响，充斥着偏见和谬误，甚至会自欺欺人。

这是诺贝尔经济学奖得主丹尼尔·卡尼曼在其2011年出版的《思考，快与慢》中提出的重要结论。卡尼曼认为，人类的思考模式分为快思和慢想两个系统。

1. 快思系统

快思系统是依赖人们直觉的、无意识的思考系统。因此，快思系统运行起来速度很快，而且不怎么消耗脑力。

2. 慢想系统

慢想系统则是需要主动控制的、有意识的思考系统。因为使用慢想系统要集中注意力，所以大脑需要为此提供更多的时间和能量。

每个人的思考过程都是快思和慢想两个系统合作的结果。但《思考，快与慢》证明了一件有趣的事，那就是我们大多数的行为都是快思系统带领我们在无意识之间完成的。

这是为什么呢？

因为大脑是有惰性的，能"躺着"就绝不"站着"，大脑希望节约能量，降低工作强度，提升工作效率，于是慢想系统总是对快思系统的直觉言听计从。如果我们疲惫、缺乏精力，那么慢想系统就会更慢，甚至"不理朝政"。

人们的很多行为，都是没有经过大脑认真处理的。想想你在决策时，是不是很容易受到情绪、社会价值观念和周边环境的影响？

快思系统的主导机制，致使人们的思考和决策有不同偏好，同时容易出现偏误。常见的有典型性偏好、可得性偏好、因果性偏好，以及**光环效应**、锚定效应、框架效应和禀赋效应等。

比如各大品牌都喜欢请明星代言，就是利用光环效应，把产品与明星捆绑在一起，吸引眼球，提高品牌和产品的信任度与受欢迎度。

2003 年，著名策划人叶茂中为柒牌男装做策

光环效应又称晕轮效应，最早由心理学家爱德华·桑戴克提出，是指人们对他人的认知和判断往往从局部出发、扩散而得出整体印象。

划,请了当时的动作巨星李连杰做形象代言,帮助柒牌男装实现销量大增。

柒牌男装的"男人就应该对自己狠一点"的广告语,还被新浪网、中国经营报、国际广告等媒体评为2003年度最激励中国人的广告口号。

大象与骑象人

无论心理学家卡尼曼的快思慢想,还是神经营销学家任瓦茨的原始大脑和理性大脑,都充分证明,我们的心里住着两个"小人"。

这两个小人,就像电影《七月与安生》中的两位主角一样,感性又理性,相爱却又相杀。

从哲学角度来说,事物都是一分为二、存在两面性的。人的心理也是如此,一面是感性,它属于人的天性本能,另一面是理性,它主要用于自我反思、判断和辨别是非。

2005年,心理学家乔纳森·海特出版了他的经典著作《象与骑象人》,在书中他把人的心理做了一个生动的比喻,把人的两面性分别比喻为大象和骑象人。

1. 大象

大象指的是我们感性的一面,它在意识之下自动运行,并产生各种情绪和直觉。

2. 骑象人

骑象人指的是我们理性的一面，它在意识层面运行，具有计划、逻辑和自控能力。

大象显然是一只动物，而骑象人具有理性。骑象人手握缰绳，可以指挥大象前进、停下或转弯。在行进过程中，大象大多时候都是自动的，比如到了悬崖边，它会因为害怕而自动转弯，无须骑象人控制。这种自动并非为骑象人而存在，它有着自己的主张。骑象人只有在不和大象的欲求发生冲突时，才能轻松指挥大象。如果大象真要做什么，骑象人很难拉住它。

你以为是骑象人在引导大象，其实是大象在引导着骑象人。

1.5　男女有别，文案有别

回到我们的现实世界，其实也有两个人：男人和女人。

也就是这"两个人"，让我们的这个世界变得非常复杂。

2020 年的《脱口秀大会第三季》上，脱口秀演员杨笠的一句"他们（男人）明明那么普通却那么自信"，让她一战成名。

2021年3月18日，英特尔发布了由杨笠出演的"选笔记本电脑，认准英特尔Evo标"宣传广告，杨笠在广告中说："英特尔的眼光太高了，比我挑对象的眼光都高。"这个广告再次将杨笠送上了热搜，点燃了众多"普信男"的怒火，最后英特尔不得不下架删除所有和杨笠有关的信息了事。其间，杨笠接到的包括奔驰、长城、海澜之家等品牌的商务，也都遭到了抵制和投诉。

为什么杨笠的言论会引起轩然大波，令众多男人纷纷抵制她？

这是因为男性在**潜意识**里认为杨笠是在对自己进行挑战，冲击了男性的群体意识。

在面对完全不同的男性和女性消费群体时，很多品牌的文案都"翻过车"，就像男人和女人之间的沟通，经常是各说各话，鸡同鸭讲。要真正厘清男女之间的差别，还得先从大脑开始。

粉色大脑，蓝色大脑

男女不仅生理结构不同，思维方式也不同。

2013年，宾夕法尼亚大学的拉吉尼·威尔玛教授带领她的团队，扫描了949位8～22岁的青少年大脑内的连接情况，发现男性和女性的"脑回路"确实是不一样的：女性的左脑和右脑高度连接；男性的大脑则是前区和后区连接性强，且

意识是人的头脑对于客观物质世界的反映，也是感觉、思维等各种心理过程的总和。

人的意识分为两个部分，一部分是我们可以觉察的思维活动，称为显意识，另一部分是我们没有觉察的、无意识的思维活动，称为潜意识。

弗洛伊德有一个著名的冰山理论，他认为潜意识在冰山之下，分为前意识和无意识两个部分，其支配着一个人的一生。

左右脑唯一的强连接处是小脑。

2018年,爱丁堡大学神经心理学家斯图尔特·里奇等人分析了5 200多份成年人的大脑成像数据。在消除身高和大脑总体积的差异之后,结果显示:男性的**大脑皮层**表面积比女性的更大,但女性的大脑皮层厚度相较于男性的大脑皮层更厚。

对于我们普通人来说,科学家们的实验未免太过深奥了。神经科学研究专家洪兰教授在混沌学院"认知心理学"的授课中,对科学家们的实验结果进行了通俗的解读,那就是男女在脑连接、脑功能、大脑皮层和体内激素等方面有很大的差异,从而产生了不同的男女思维。

> **大脑皮层**又称大脑皮质,是覆盖在大脑半球表面的灰白色构造,主要由神经细胞组成,是人类运动和感觉的最高中枢。
> 根据脑沟、裂缝及其延长线,大脑皮层分为额叶、顶叶、颞叶和枕叶4个区域,调节人的身体运动、感觉、情感、思维、空间、几何图形、视觉和记忆能力等。

1. 脑连接

女性喜欢同时使用两侧大脑,所以她们的直觉很准,擅长同时处理多件事。比如在社交和信息处理上,女性就有着天然的优势。

男性更偏向于使用单侧大脑,更有利于进行认知和协调行动,这使得他们更能在单一任务中发挥出色。

2. 脑功能

由于脑功能的差异,男女的智力水平虽然总体差不多,但智力结构却有着明显的差异。女性在语言、听觉、速记、社交、集中注意力等方面占据优势,而男性则在视觉、知觉、空间思维、逻辑思维和反应速度上更胜一筹。

3. 大脑皮层

女性的大脑皮层更厚，意味着有更多的神经细胞，这使得她们的脑细胞更容易受到刺激，于是在生活中会更加敏感。

对于男性来说，不同人之间的大脑皮层厚度差异则比较大，这也使得他们的思维和行为差异非常大。

4. 体内激素

男性的雄性**激素**及其衍生物二氢睾酮，则让他们更加争强好胜。

另外，女性大脑中的血清素分泌得比较慢，这让她们的情绪来得慢，去得也慢。

2010年，神经学家丽丝·艾略特写过一本关于男女大脑区别的书，书名为《粉色大脑，蓝色大脑》。

当然，女性的大脑不是粉色的，男性的大脑也不是蓝色的。国际演讲大师马克·冈戈曾在一次关于婚姻和家庭的演讲中幽默地说："男人的大脑是由一个个小盒子组成的，每个小盒子都装着不同的东西。而女人的大脑就是一个大毛线球，所有东西都纠缠在一起。"这样来比喻男女不同的大脑，倒还真是比较贴切。

> **激素**的希腊文原意为"奋起运动"，英文音译为荷尔蒙。激素是一种化学信息物质，由高度分化的内分泌细胞合成并直接分泌到体液（包括血液和细胞间液）之间。
>
> 激素是我们生命中的重要物质，可以有效调节自身的机体。激素一方面可以传递信息，另一方面可以引起各种生理反应。

火星文案，金星文案

不知道你有没有听说过约翰·格雷博士，但你一定听说过他的那句"男人来自火星，女人来自金星"的两性关系名言。

约翰·格雷在成名作《男人来自火星，女人来自金星》一书中提出了一个形象有趣的"火星与金星理论"：火星人有个"洞穴机制"，来自火星的男人，责任感强，习惯了硬扛，坚持自力更生。而来自金星的女人，安全感低，语言系统发达，是天生的听觉动物。

所谓"造化弄人"，其实男女思维的这些差异，和我们祖先不同的社会分工也是分不开的。古时候，男人合作狩猎，设计策略围赶猎物，从而运动能力和方向感更强；而女人则在家中采摘食物，边看孩子边唠嗑，从而更擅长语言沟通、社交和图像认知。

男女不同行为特质的形成，还和所在环境有关，比如来自父母、同龄人的外界**社会化**影响。对一个孩子来说，周边的人都在鼓励他玩所谓"特定性别应该玩的"玩具，并鼓励他参加所谓"男孩"或"女孩"应该玩的游戏，于是，这个孩子就在这样的社会环境中习得"符合性别特征"的行为习惯。

社会化是社会心理学研究的主要内容。心理学家霍兰德认为，婴儿是带着诸多潜能降生的，这些潜能的发展有赖于各种复杂因素的相互联系，以及与他人的相互作用。儿童在社会成长的过程中，学会了抑制某些冲动，并被鼓励获得在特定环境中的人所具有的特征和价值，这个过程即社会化。

社会化可以通过外界社会化和自我社会化两种途径完成。外界社会化反映了来自外部社会的要求和影响，自我社会化则体现了自我主动的行为和选择。自我社会化的过程同时也是个性化的过程。

同时，基于性别认知的自我社会化影响也不容忽视。人们生活在充满"性别噪声"的社会，潜移默化中接受并认同了那些关于自己性别的世俗偏见和刻板印象，并渐渐形成了自己的思维模式及行为。

存在主义学者西蒙娜·波伏娃在《第二性》中说："一个人并非生下来就是女人，她是变成女人的。"这充分诠释了女性并非只是一个生理选择，更是一个社会化和心理认同的过程。

男女有别，文案自然也要有别。既然男女来自不同的星球，那就需要用不同的星球语言来进行沟通。

比如中华老字号红星二锅头，2013年联合省广传媒推出的品牌"焕新计划"，其中就有很多"火星"文案：

> "将所有一言难尽一饮而尽，
> 把激情燃烧的岁月灌进喉咙。
> 用子弹放倒敌人，用二锅头放倒兄弟。
> 铁哥们是这样炼成的，
> 没有痛苦，不算痛快。"

红星二锅头是一瓶酒，更是一种烙印。这些热血迸发的文案，把那兄弟间的情义、生活中的艰难，表现得淋漓尽致，深深戳中无数在外打拼的男人的心。

随着"她经济"的崛起，越来越多的女性成为市场的消费主力，成为消费的主要决策者，这就要求企业得读懂女性背后的心理学，学会取悦她们。这样你的文案，才更有可能打动这些美丽而感性的消费者。

比如奥美 2015 年为全联超市创作的全联经济美学文案，就做了很好的示范：

"长得漂亮是本钱，把钱花得漂亮是本事。

花很多钱我不会，但我真的很会花钱。

养成好习惯很重要，我习惯去糖去冰去全联。"

过日子，没那么简单。全联超市通过一系列文案，表达了节约也是一种哲学，是一种生活方式，更是年轻一代的经济美学。

能把钱花得漂亮的漂亮女生，才更出色。你说是吗？

1.6　文案的尽头是多巴胺

当然，在取悦女性这件事上，做得最优秀的，无疑还是那些女性品牌。

一说到自然堂这个陪伴很多女性成长的美妆品牌，你大脑里是不是马上就会想起它的品牌文案：你本来就很美！

在 21 世纪初期的化妆品营销中，很多品牌都把传播重点放在产品功效上，用产品的优势和对消费者的好处来和目标客户进行沟通，在同质化的产品和营销下，消费者很难分辨出功能相同的产品哪个更好。

2006 年，自然堂对营销策略进行调整，从情感诉求的角度出发，提出了"你本来就很美"的品牌新主张，并请靠《粉红女郎》电视剧走红的明星"万人迷"陈好做形象代言人。一句平常的赞美，开始植根于消费者内心。

同时，面对女性这个相对广泛的受众，她们有高有矮，有胖有瘦，有职场精英也有家庭主妇，很难用同样的内容引起她们的共鸣。自然堂请不同的代言人，用不同的内容和不同的女性群体进行沟通。

比如 2018 年自然堂推出的《没有一个男人可以通过的面试》广告片，通过换位思考的面试，聚焦职场性别偏见，为职场女性争取更多关注与尊重，并告诉女性"无论职场顺境逆境，请相信，你自信拼搏的身姿，就是最美的样子！"该片还获得了当年的中国广告长城奖金奖。

2021 年东京奥运会前夕，自然堂联合众多女性运动员，拍摄了"自然而燃"的主题短片和宣传海报。其中的"勇敢，是另一种少女感"等文案，充分表达品牌对美的多样性的支持。

信任激素

在科幻电影《蜘蛛侠》中，恶人向愚人城的市民喷洒了一种信任激素，于是全体市民蜂拥而至向恶人掏出自己所有的钱财，银行、股市，甚至政府因此全部崩溃。

喷一喷就能让人增加信任，你觉得真的有这么神奇的东西吗？

2011年，神经学家保罗·扎克在TED的演讲台上，把一只注射器中的透明液体夸张地在空中喷洒。扎克说这种液体叫"道德分子"，里面含有催产素，他向现场的观众保证，吸入这种液体会让人更加信任他人，更能产生共情，因此更有道德感。

这一点都不科幻。瑞士和美国的科学家在实验中也证明：喷一点催产素，确实能刺激人们产生信任感。

催产素是由大脑中的**垂体**后叶分泌、下丘脑合成的一种荷尔蒙。很多年以来，人们一直以为催产素只是一种简单的生殖激素，刺激女性子宫在分娩时收缩并加速母乳分泌。

垂体又称为脑垂体或脑下垂体，位于颅底蝶鞍的垂体窝内，借垂体柄与下丘脑相连。脑垂体是人体最重要的内分泌腺，能产生多种激素。

垂体分为前后两个部分，垂体前叶称为腺垂体，垂体后叶称为神经垂体。垂体后叶能分泌抗利尿激素和催产素。

但很显然，催产素的作用远不止于此。催产素并非女性独有，男女均可分泌。在日常生活中，催产素可以降低人体内肾上腺酮等压力激素水平，降低血压。催产素还能有效抑制负面情绪，减少关于防御和恐惧的感受，增进我们对他人的信任，从而促进社会关系的发展。

任何能增强我们的爱、归属感和信任感的人际互动，都会促使大脑分泌催产素，让我们感觉到幸福快乐。比如一个简单的拥抱，一次有同理心的对话或温情的陪伴，都能促使催产素生成，所以催产素也叫抱抱荷尔蒙或信任激素。

像前面自然堂的文案，对于那些深有同感的女性来说，会刺激她们的大脑，并使其大脑释放催产素等神经递质，从而减少她们的不安情绪，引发愉悦感，增进对品牌的信任。

清华大学心理学系主任彭凯平教授在他的《活出心花怒放的人生》一书中写到，主要有4种**神经递质**可以提升人们的幸福感和愉悦感，除了催产素，还有多巴胺、内啡肽和血清素。

神经递质是在神经元内合成的，由神经末梢释放而来的化学物质，主要作用是传递兴奋感。

按照神经递质的生理功能，可把神经递质分为兴奋性递质和抑制性递质。

每一种神经递质的触发机制都不一样，如果你深入了解它们是怎样工作的，就能对症下药，创作出激发它们"卖力干活"的文案。

1. 多巴胺

你肯定知道多巴胺，这是我们最常听说的一种神经递质。当你吃甜品等美食时，大脑就会分泌多巴胺。当你产生渴望时,大脑也会释放多巴胺,而且在期待的过程中,多巴胺水平会持续升高,让你有一种欲罢不能的感觉。

人类的很多成瘾行为都和多巴胺的分泌有关,比如打游戏、酗酒、性行为等,这些都可以促进多巴胺的分泌,使上瘾的人感到开心和兴奋。很多时候人们甚至都不需要做出实际行动,仅仅想到相关场景就会促使大脑分泌大量的多巴胺,产生**欲望**。

2. 内啡肽

内啡肽是大脑内部可以自行生成的一种类吗啡的激素。当你感觉到难受、疼痛或有压力时,大脑就会分泌内啡肽,缓解你的痛苦并增强愉悦感,让你坚持完成某个任务或做出某种行为。我们常说的奋斗之后的快乐,有很多其实就源自内啡肽的作用。

这也就是为什么有些人会喜欢吃辣椒,有些人会喜欢按摩时微微的疼痛感,或在激烈的体育运动后,人们会觉得特别快乐。

3. 血清素

血清素又名 5-羟色胺,它直接影响我们的胃口和情绪,如果你的情绪不稳定,经常抑郁或暴躁,出现"寝食难安"的情况,那么很有可能是你体内的血清素过少了。

当我们对生活有自主性、掌控感,在人际关

欲望是世界上所有动物最原始的、最基本的一种本能。从人的角度讲,欲望是心理到身体的一种渴望。所有动物最基本的欲望,就是生存与存在。

系中能感受到自己对他人的影响时，就会激发大脑产生血清素，产生幸福满足的感觉。

欲望分子

虽然同样是快乐激素，但多巴胺和其他几种激素却有天壤之别。

1957年，一位叫凯瑟琳·蒙塔古的研究人员在人类的大脑中发现了一种奇妙的物质，也就是多巴胺。瑞典哥德堡大学教授阿尔维德·卡尔森在20世纪50年代做了一系列开拓性的研究，证明了多巴胺是脑内一种重要的神经递质，并因此获得了2000年的诺贝尔生理学或医学奖。

此后，科学家们进行了大量关于多巴胺的研究，对这个神奇的小分子在大脑中的作用，了解得越来越多。科学家们发现，大脑中只有二十万分之一的脑细胞可以产生多巴胺，但这些细胞却能对人类的情绪、想象、冲动和创造力等产生巨大的影响。

华盛顿大学精神病学家丹尼尔·利伯曼在他的《贪婪的多巴胺》中写道：在我们心中，我们就是多巴胺。

是什么控制了我们的大脑思维？利伯曼认为，大脑其实是被当下分子和欲望分子这两类神经递质所左右的。

1. 当下分子

其实我们活一世，无非就是忙两件事：一是追求那些"还没到手的东西"，二是享受那些"已经到手的东西"。

享受已经到手的东西，由一些当下分子控制，包括内啡肽、催产素、血清素、**去甲肾上腺素**等。在大脑大量分泌当下分子时，我们关注的是那些已经拥有或正在体验的事物，它们让我们感觉"我很满意"。

2. 欲望分子

欲望分子就是多巴胺，它负责让人产生欲望，让人感觉"我想要"。正是多巴胺在驱使着我们追求金钱、食物这些看得见摸得着的事物，也是它在驱使着我们去追求那些看不见的东西，比如知识、爱情、事业、影响力。

得不到的才是最好的。多巴胺让我们觉得不满足，觉得"我还想要"。试想一下，如果没有多巴胺，我们也就无欲无求，那生活还有什么意义。

想想看，人们每天起床、学习、工作，日复一日完成各种任务，是为了什么呢？

这其实是因为我们的大脑里有一套**奖赏机制**，当你努力去争取和改变的时候，就会得到大脑的奖赏，让你感觉非常兴奋。而我们的大脑，生来就会把最多的精力用于关注各种奖赏。

肾上腺是人体重要的内分泌器官，由于位于两侧肾脏的上方，故名肾上腺。肾上腺会分泌肾上腺素和**去甲肾上腺素**，其中肾上腺素可以使心率增快、血压增高，去甲肾上腺素可以提高心肌的收缩力，导致血管收缩，血压升高。

大脑的**奖赏机制**，就是我们说的"奖赏效应"。
在心理学中，当人们做出决策后，如果后来被证实产生了好的结果，大脑会向负责决策的区域，发送"奖赏"信号。该信号会刺激大脑的"奖赏中心"，释放让人产生快感的多巴胺，多巴胺升高会直接影响情绪，从而影响人们再次做出相应行动。

奖赏效应在营销活动中随处可见，比如积分抽奖、蚂蚁森林、商场满减、新品试用等。

有人说，人类的尽头是多巴胺。人类总是在不断追求新鲜的、更强的、更快的刺激，而且这个趋势几乎是不可逆的。

心理学博士魏知超在 B 站解读《贪婪的多巴胺》时说："我们今天的这个时代，就像一个多巴胺的时代，每个人都变成手机控，心智永远指向下一秒。很多人并非活在当下，短视频让你随时想要看下一条，游戏让你永远想要打开下一个宝箱，消费主义让你每天都想要买更多，人们好像都变成了多巴胺生物。"

文案的目的，是要让你的信息在客户心智中更显著，并激发积极反馈。如果你的文案能促进多巴胺这种欲望分子的分泌，那么你赢得客户注意和信任的概率就会大大提升。

再说回取悦女性的文案，就一定要说一下"步履不停"。这个被称为"淘宝第一文案"的女装品牌，其两位广告人出身的创始人，创作出了一系列个性十足的文案，感动了成千上万的女性，诱发了她们大脑里的欲望分子，最后她们都开心地穿上了步履不停的衣服。

比如步履不停下面的这一段经典文案，我们一起来感受一下：

"你写 PPT 的时候，阿拉斯加的鳕鱼正跃出水面。

你研究报表的时候,白马雪山的金丝猴刚好爬上树尖。

你挤进地铁的时候,西藏的山鹰一直盘旋云端。

你在会议中吵架的时候,尼泊尔的背包客一起在火堆旁端起酒杯。

有一些穿高跟鞋走不到的路,有一些喷着香水闻不到的空气,有一些在写字楼里永远遇不到的人。

出去走走才会发现:

外面有不一样的世界,不一样的你。"

本章扩展阅读

[1]知萌咨询. 2021中国消费者趋势报告[R]. 北京：北京知萌咨询有限公司, 2021.
[2]张炜. 语言的热带雨林[M]. 南宁：广西师范大学出版社, 2021.
[3]林崇德. 心理学大辞典[M]. 上海：上海教育出版社, 2003.
[4]彭聃龄. 普通心理学[M]. 北京：北京师范大学出版社, 2018.
[5]帕特里克·任瓦茨, 克里斯托弗·莫林. 销售脑[M]. 鹂嘉图, 译. 浙江：浙江人民出版社, 2014.
[6]克里斯托弗·莫林, 帕特里克·任瓦茨. 销售脑科学[M]. 李婷婷, 施芒素, 译. 北京：人民邮电出版社, 2021.
[7]Lisa Feldman Barrett. Seven And A Half Lessons About The Brain[M]. London: Mariner Books, 2020.
[8]丹尼尔·卡尼曼. 思考，快与慢[M]. 胡晓姣, 李爱民, 何梦莹, 译. 北京：中信出版社, 2012.
[9]乔纳森·海特. 象与骑象人：幸福的假设[M]. 李静瑶, 译. 浙江：浙江人民出版社, 2012.
[10]约翰·格雷. 男人来自火星，女人来自金星[M]. 何兰兰, 周建华, 译. 北京：北京联合出版有限公司, 2020.
[11]彭凯平. 活出心花路放的人生[M]. 北京：中信出版社, 2020.
[12]丹尼尔·利伯曼, 迈克尔·E.朗. 贪婪的多巴胺[M]. 郑李垚, 译. 北京：中信出版社, 2021.

第 2 章

什么是文案

文案写手,就是坐在键盘后面的销售人员。
——朱蒂丝·查尔斯,朱蒂丝查尔斯创意传播公司总裁

最优秀的文案和最优秀的创意,往往有着最简单的外表。
——李奥·贝纳,李奥贝纳广告公司创始人

所有创意都应在十亿分之一秒内直达人心。最伟大的广告,应该在瞬间和人的大脑与内心产生联系,让人一见难忘。
——乔治·路易斯,广告大师

2021 年的秋天,苹果发布了新一代手机 iPhone 13。

众所周知,每次推出新产品,苹果总能在文案上整出些新花样,这次也不例外。以其 iPhone 13 Pro 来说,文案只有 3 个字:强得很。

一直以来,苹果都堪称广告界的"天花板",然而这次,苹果的文案却被广大网友认为土味十足,被疯狂吐槽。就连锤子手机创始人罗永浩,都在微博上发帖说苹果没文化。

2.1 文学在左,文案在右

任何时候,好的语言表达都会让我们感觉如沐春风,眼前一亮。

苹果这次的文案,肯定没有让它的大部分消

费者满意，更谈不上让人惊艳了。它的英文原版是：Oh.So.Pro，中国内地翻译为"强得很"，香港地区翻译为"非常·Pro"，台湾地区则翻译为"就·很·强"。

但这个文案很差吗？其实也不见得。

同年的12月底，小米的新一代手机小米12上市，小米还请了亚洲百米飞人苏炳添做代言人，其文案是"快，更稳"。该方案和iPhone 13 Pro的文案风格相似，也是三个字，只不过跟"强得很"相比，多了个逗号。

其实，不只是苹果和小米，其他手机厂商的文案，大多也会使用简洁的语句去表达产品的买点或设计理念。就以2022年上市的新手机来说，一加ACE的文案是"快稳狠"，中兴Axon 40的文案是"能拍，又能打"，苹果iPhone 14的文案是"玩大玩超大"。

手机这种电子消费产品，面对的是大众消费者，如果在产品推广时，堆叠过多的专业术语，反而会增加消费者的理解难度。所以文案需要去繁化简，把专业术语变得直白、口语化。

文案的诅咒

为什么iPhone 13 Pro的文案会遭遇如此集中的吐槽呢？问题可能出在文学性上。

所谓**买点**，就是客户非常在意和希望获得的产品价值或利益点。

和卖点不同的是，买点是以私为先的，它以满足客户的需求为中心，以得到客户的认同为目标。

而卖点则是产品本位，以产品为原点应对差异化诉求。即有利益说利益，没有利益就找说法，说法不够就生造概念。

对比苹果之前的产品文案，比如 iPod 的"将一千首歌装进口袋"，iPhone 4 的"再一次，改变一切"，iPad 2020 版的"你的下一台电脑，何必是电脑"等，这次 iPhone 13 Pro 的文案确实有点不加修辞。

文案是不是就应该辞藻华丽，散发着浪漫的文学气息呢？

我们来看一个贷款 App，为了吸引人们下载和使用，它的广告文案是这样写的：

"勇敢做自己，让理想照进人生。"

这个文案怎么样，是不是充满了诗情画意？当然，这样的文案，也属于很多人比较擅长的写作风格。但如果你把这个文案拿给你的领导看，建议你先做好挨骂的准备。

如果把这个文案换成"信用卡刷爆了，我帮你还"，你觉得如何呢？

我带着几个学生，在午饭时间对食堂就餐的同学做过问卷调查，让他们在这两则文案中挑选出自己更喜欢的文案，结果同学们大多选择了第一个文案。

但在实际的营销中，更有效的是第二个文案。

为什么你喜欢的却不中用呢？从**认知心理学**来说，你可能陷入了"知识诅咒"，导致文案产生了沟通障碍。

认知，是指人们获得知识或应用知识的过程，或信息加工的过程，是人的最基本的心理过程之一。

认知心理学又被称为信息加工认知心理学，主要研究人类大脑的认知加工过程，例如：知觉、注意、记忆、决策等。认知心理学家采用信息加工的视角，通过将人脑与计算机类比，把人的思维过程抽象为计算机的运算过程，来研究人脑的认知过程。

1989年，经济学家科林·卡麦勒和马丁·韦伯在他们发表的一篇论文中，提出了知识诅咒理论，即我们掌握了一种知识，就很难体会没有它的感觉。我们无法感知获得这种知识以前的状态，也不知道那些没有掌握这种知识的人是怎么想的。

之后的1990年，斯坦福大学的研究生伊丽莎白·牛顿做了一个简单的实验，她把受试者分为两组，一组扮演"敲歌者"，一组扮演"听歌者"。敲歌者拿到一份歌单，上面有25首人们耳熟能详的歌曲，敲歌者在桌子上把歌曲的节奏敲出来，让听歌者猜对应的歌曲名。

实验开始前，敲歌者预测听歌者猜对的概率为50%。实验中，敲歌者一共敲击了120首歌曲，听歌者只猜对了3首，猜对率仅为2.5%。

每位敲歌者都对实验结果感到不可思议，难道节奏还不够明显吗，为什么听歌者还听不出来？尤其是当听歌者把美国国歌猜为《祝你生日快乐》的时候，敲歌者不禁露出愤怒的表情：你怎么会这么愚蠢呢？

问题在于，敲歌者在敲击节奏的时候，他脑中浮现的是歌曲的旋律，而听歌者却感知不到旋律，只能听到一连串像摩尔斯电码那样古怪的声音。敲歌者想象不到听歌者听到的不是连贯的旋律，而是一个接一个单独的敲击声。

知识诅咒是一种**认知偏见**，是由"无知"到"知"产生的心理现象。我们难以回到"初心"，很难理解世界在未知者心中的样子，自以为是，后见之明，从而难以与别人沟通。

要写出好文案，你需要大量的专业知识，但你的专业知识又会产生知识诅咒，让你的文案就像被诅咒过一样，无法很好地传达给客户。

> **认知偏见**，也叫认知偏差或认知偏误，指的是在判断中偏离规范、理性的系统模式。
>
> 目前，认知偏见是心理学和行为经济学中的热门研究内容。

写给客户的情书

虽然都是写作，但文学和文案，却是截然不同的两个世界。

文案，是为商业服务的，要遵循企业的营销战略。每个写文案的人，其"契约"不是和企业签的，而是和客户签的。你的工作不是向领导展示你的文学才华，而是去改变消费者的态度，让他们愿意掏出自己辛苦挣来的钱，来购买你的产品。

好的文采和好的文案之间，并没有任何直接关系。文案，不是对语言的卖弄，而是对目标市场的敏锐洞察和对企业产品的深刻认知，紧贴当下的热点和触点，引发客户的共鸣。

你正在精心创作的文案，并非即将投给那些严肃的文学期刊的稿件，而是一封情书，一封即将寄给你的客户的情书。

我们应该在情书里写点什么呢？拥有三十年写作辅导经验的劳拉·布朗博士，在她的《完全写作指南》一书中，专门设计了一个章节来讲怎么写情书。劳拉说："并非每个人都擅长写诗，你不必使用诗意的、高级的词语，不必写花、月亮这种老套的东西，更不要说那些违背内心的话。你的爱人喜欢的，是你发自内心的、真实的文字，而不是一张模仿别人的问候卡。"

还记得当年你写的情书是如何打动心仪对象的吗？

任何情书，文字有些粗糙并不重要，重要的是你表露的情感要真切、自然、深沉，任何卖弄、做作、虚饰和不着边际的语言，都是情书特别是第一封情书的致命伤。

文案是一个单向的交付过程。客户在阅读你的文案的时候，碰到了疑问，你能从文案里跳出来向他解释吗？当然不能，客户只能自己去揣测你的意思。于是便产生了文案的**透明度错觉**，你知道，客户不知道，你还不知道客户不知道。

莎士比亚在写《哈姆雷特》时，有 2 万个词语可用。林肯在信封背面草拟《葛底斯堡演说》时，有 11.4 万个词语供他选择。而到今天，《韦氏大词典》收录了超过 60 万个词语。

语言正变得越来越复杂，阅读成了一件不容易的事。你的文案要想像情书一样能打动客户，

透明度错觉是一种心理错觉，是指我们会高估自己对别人心理状态的了解度，同时也会高估别人对我们状态的了解度。

你觉得自己的状态已经像在一个透明的鱼缸中，但其实你并没有真的把自己的想法表达清楚。

就要降低阅读门槛，让小学生都能看得懂。

1952 年，美国教授罗伯特·甘宁提出了迷雾指数，即根据文章中的词语数量与难度、主题思想的数量和句子的平均长度，衡量一篇文章的阅读难度。

$$\text{迷雾指数 FOG Index} = 0.4 \left[\frac{\text{文本单词总数}}{\text{文本句子总数}} + 100 \times \frac{\text{文本长单词数量}}{\text{文本单词总数}} \right]$$

注：以英语为母语者，长单词主要指多音节词。

用迷雾指数可以测算读者要轻松读懂某篇文章，需要接受多少年的正规教育。迷雾指数是多少，就表示需要接受多少年的教育才能看得懂。一篇文章的迷雾指数越低，读者就越容易读懂。

有人计算过，英国最畅销日报的迷雾指数平均为 10，而较严肃日报的迷雾指数为 13~14。科研论文的迷雾指数通常为 18~22，而某些科研论文的迷雾指数甚至高达 40。

在 2007 年，曾有人比较过微软和苹果两家公司掌门人的演说的迷雾指数，结果表明，比尔·盖茨演说的迷雾指数为 9.37，这意味着听众要听懂这场演讲，最少需要接受 9.37 年的教育。而与之相比，乔布斯演说的迷雾指数仅为 6.9。

所以，要想在对抗迷雾的战争中获胜，你的文案就要结合客户的实际体验，选择他们熟悉的并易于理解的词语，句子简短，语言生动，像日常说话一样写作。

专栏作家连岳说过：我的好文字标准是，用常用字，写白话文，比别人更简洁。搞怪、不遵守文字规范、用生僻字、以模糊为美，这样的文字好不了。

2.2　为何你的文案没人看

大家都知道，麦肯锡是全球有名的管理咨询公司。麦肯锡曾为一家重要的大客户做咨询，在咨询结束后，麦肯锡的项目负责人在电梯间里遇见了对方的董事长，该董事长问麦肯锡的项目负责人："你能不能说一下咨询的结果呢？"

由于该负责人没有准备，而且即使有准备，也无法在电梯从 30 层到 1 层的 30 秒内把咨询结果说清楚。最终，麦肯锡失去了这一重要客户。

吸取这次沉痛教训后，麦肯锡要求公司员工凡事要在最短的时间内把结果表达清楚，凡事要直奔主题，直奔结果。麦肯锡认为，在一般情况下，人们最多记住一二三，记不住四五六，所以凡事要归纳在 3 条结论以内。

这就是如今在商界广为流传的"30 秒电梯理

论",指在乘电梯的 30 秒内向客户解释清楚你的解决方案。

30 秒太短了,这真是一个很残忍的时限。但对文案来说,你的客户更残忍,他往往连 3 秒的时间都不会给你。一旦你的文案让他有"负荷"感,他就会像在手机上刷短视频一样,唰的一下就滑到下一条,不会再回来看你一眼。

认知负荷

在生活中我们经常会拿些重物,有时甚至超过自己的身体重量,这属于身体负荷。与之对应的一种负荷叫作认知负荷,就是大脑的"负重"。我们都知道,身体负荷过大,人会腰酸背疼;大脑也一样,认知负荷过高,人就会感觉身心俱疲。比如你上班觉得很累,其实就与认知负荷过高有关系。

1988 年,认知心理学家约翰·斯威勒率先提出认知负荷理论,他认为大脑能调用的资源是有限的,当人们脑力活动所需要的认知资源和注意资源过多时,就产生了负荷,以及人们对信息的理解、**短时记忆**的存储是有容量限制的。

认知负荷包括三部分。

1. 外在认知负荷

指由信息组织和呈现方式带来的负荷。

> **短时记忆**是指保持在较短时间内的记忆,被认为是处于感觉记忆与长时记忆之间的一个记忆阶段。

2. 内在认知负荷

指由学习材料自身带来的负荷。

3. 相关认知负荷

指由理解学习材料带来的负荷。

客户在阅读你的文案时,需要调用大脑中的认知资源来理解、思考、回忆和计算,而这些脑力劳动都是需要消耗能量的。

反应时

在现代心理学研究中,分析人们的知觉、注意、联想和选择等各种心理活动,有一个很重要的指标,那就是反应时。

所谓反应时,是指从机体接受刺激到做出回应所需要的时间。

1796 年,英国格林尼治天文台台长马斯基林发现,在观察星辰经过天文望远镜的铜线时,他的助手金尼布克记录的时间总比他记录的时间慢 0.8 秒,于是认定助手不称职,当场就把助手解雇了。

20 年后,此事通过《天文学报》公之于世。德国天文学家贝塞尔猜测这可能因为他们之间存在着个体差异,于是他通过反复研究,发现人与人的时间差异是客观存在的。1823 年,贝塞尔提出人与人反应时的差别是恒定的,以公式表示为:

$$B-A=1.222 秒(为常数值)$$

上述这个等式就是著名的人差方程式，它反映了两个观察者之间的个体差异。

人差方程式又称为个人方程式，它代表着科学家们发现人与人反应时间差别的开端。

1868年，荷兰生理学家唐德斯在人差方程式的启发下，提出了唐德斯反应时ABC。他以简单反应时为基础，用减数法得到了三种不同心理反应所需的时间。

1. 简单反应时（A）

是指给被试呈现单一的**刺激**，同时要求他们只做单一的反应，这时刺激与反应之间的时间间隔就是反应时。

比如测试听觉简单反应时，要求被试一听到信号就尽快按反应键；测试视觉简单反应时，要求被试一看见屏幕上的红光就按反应键。

和听觉简单反应时相比，视觉简单反应时较长，其原因在于我们感官换能的时间较长。

> 在心理学中，**刺激**物是指引起感官或行为反应的事件或物体。
>
> 在知觉心理学中，**刺激**是一种能量变化（如光或声音），它被感官（如视觉、听觉、味觉等）记录下来，并构成知觉的基础。

2. 选择反应时（B）

选择反应时是复杂反应时间的一种，就是根据不同的刺激物，在各种可能性中选择一种符合要求的反应，并执行该反应所需的时间。

比如红绿两种光刺激，被试的左右手食指各放在一个反应键上，右手反应红光，左手反应绿光。二选一的选择反应时比简单反应时长约0.07秒，这一时间便是辨别和选择所需的时间。

3. 辨别反应时（C）

辨别反应时是另一种复杂反应时间，辨别反应时和选择反应时都有不同的刺激物，但辨别反应时只要求对一个刺激进行反应。

比如虽然同样呈现红绿两种光，但只要求被试看到红光后立即用右手按反应键，而看到绿光后则不反应。

很明显，B 最长，C 次之，A 最短。C 减去 A 得到辨别时间，B 减去 C 得到选择时间。

因此，要想让客户阅读你的文案，首先得满足一个条件，那就是符合简单反应时原理。文案要简洁明了，尽量不要让客户去选择和辨别。

句法能量

安人心智科学总监阳志平在他的《文心书话》中，介绍了杜克大学英语系教授 Gopen 的阅读能量模型，提出大脑处理阅读行为是需要能量的。

Gopen 参考**认知神经科学**原理，用 Et 来表示大脑处理一个句子所需的全部能量。

$$Et = 句法能量 + 语义能量$$

其中，句法能量是指分析句子结构时消耗的能量，语义能量则指连接句子及理解语义消耗的能量。文章是由一个个句子组成的，阅读一篇文

认知神经科学是研究大脑如何产生心智活动的学科，诞生于 20 世纪 70 年代后期，是一门由认知科学和神经科学交叉结合而产生的新兴学科。

章所消耗的能量，即 Et 的总和。

人们在阅读一个句子的时候，受到大脑结构与时间制约，能够投入的整体脑能量有限，因此，每个 Et 是固定的。

很显然，Et 的这两种能量是相互冲突的，当你的文案消耗客户极多的句法能量时，客户就只能消耗极少的语义能量。

你的文案，对于客户来说并不容易，他需要动用大脑的能量才能够理解。那些滥用词语、胡乱搭配、含糊不清的文案，只会让客户消耗过多的句法能量，以至于无法用语义能量去理解文案想表达的意思。

2.3 文案=文心+解决方案

在人类进化的过程中，大约在 10 万年前，语言出现了。大约在 1 万年前，文字开始萌芽。大约 4000 年前，在夏朝初期出现了中国文字。

正如达尔文观察到的："说话是人的本能，小孩子咿呀学语，但没有哪个小孩子有烘焙、酿造和写作的本能。"

你还记得上学的时候吗，每次语文老师要求大家写作文，教室都会充满了同学们的叫苦声。

写作很难，因为写作不是人类大脑的舒适行为。

语言和认知心理学家史蒂芬·平克曾做出总结："写作之难，在于将网状的思考，通过树状的结构，用线性的语言进行清晰的表达。"

和说话相比，写作需要更强的逻辑能力，也就意味着要调用更多的认知器官和大脑区域，而要写出文采飞扬的句子，更需要大量的积累和刻意的练习。

文案是一种特殊的写作，说起来很简单，不过是标题、广告语、正文和随文这4种常见文字类型的组合而已。但文案又是极其复杂的，因为它带有强烈的商业目的，它不但要打动客户的心，还要打开客户的钱包。同时，文案的传播，还往往意味着需要投入巨大的金钱和时间成本。

文案=文+案。

文案的终极目标，就是要让看文案的那个人掏出辛苦挣来的钱购买你的产品。

因此，你的文案，不是简单的文字，而是一种包含了销售信息的语言符号体系，是针对公司产品的用简单文字组成的销售解决方案。

文心

文案，不是文学作品，而是一种商业作品。

如果你阅读过很多文学作品，自认为有一些

文字功底，准备开始为一个公司的产品写文案，你将会面临一次严重的世界观崩塌。

因为文案写作完全是**反直觉**的，并非你拿出一张白纸就可以开始创作。

朱蒂丝·查尔斯有一个形象的比喻，她说文案写手，就是坐在键盘后面的销售人员。

销售人员是怎么上岗的呢？以一个楼盘的置业顾问来说，每个新入职的员工都需要进行两周左右的房地产专业知识培训。接着他需要踩盘，了解所在地区的楼市情况，包括竞争楼盘和竞争产品。然后他需要按照沙盘、户型模型、示范区、样板间的销售动线，反复演练销售说辞。直到主管觉得新员工可以接待客户了，他才能精神抖擞地出现在客户面前。

没有人能从零开始写文案，你要大量积累素材，了解你的产品，了解目标市场，了解竞争状况，设计出精准的销售解决方案。

更重要的是，你要修炼你的文心。什么是文心呢？用阳志平的话来说，就是要理解文案写作背后任何时候都存在的认知科学规律。

同时，文心不只是用心写文字，还意味着长期的、枯燥的刻意练习，把那些复杂的科学原理转变成你的思维方式和写作习惯。

那些优秀的作家，都有自己的文心。比如财新传媒总编辑王烁，他分享过自己写作的几个关键点：

直觉就是第一感觉，是人脑对事物的第一判断，是一种基于生理、心理和过往知识与经验而对事物做出的意识形态领域里的本能反应。

大脑喜欢走捷径，我们所有的思考都基于大脑的"默认设置"，这就是直觉思维。直觉不一定正确，所以要想提升思维能力，就要运用**反直觉**思考，培养同理心，从而提高识别错误的意识。

（1）作为表达，写作是作者与读者的对话，而不是作者的独白。

（2）强调视觉，读者跟随作者的指引一路向前，时常有身临其境的感受。

（3）好文章得清楚、简洁、准确，能用大白话说清楚的事，不要用术语。

（4）注重音韵，选词尽可能选好上口的那个词，造句尽可能用短句，且首选旧词。

你的销售解决方案

文案的价值，是要帮助公司把产品卖出去。至于如何卖，你得有自己的销售解决方案，而你的文案，就是你的方案的文字表达。

写文案不是自由发挥，而是一个先有方案，再有创意的过程。在分工比较细致的公司，你只需要按照策划部门发过来的一个创意简报，用文字呈现出来即可。但对于大多数的文案创作，你得自己去采访，自己构思创意，一个人完成从产品到客户的文字交付。

如何设计一个成功的销售解决方案呢？

在哈利·D.凯森的《消费心理十四讲》中，他指出，当购买行为发生时，消费者的心路历程可分为6个阶段。

1. 注意目标
2. 引起兴趣
3. 产生购买欲望
4. **信任**
5. 决定购买
6. 满足

消费者的心路历程,并非每次都必须严格经历这 6 个阶段,但总体来说,这些消费者的心理活动变化,在现实中都会发生。

显然,你的销售解决方案,至少要符合上述 6 个消费者心路历程中的 1 个。如果你的销售解决方案符合全部 6 个,那么恭喜你,你创作出了伟大的文案。

比如人们熟知的海飞丝,其经典的广告语是"头屑去无踪,秀发更出众",但在 2007 年后,就改为"去屑实力派,当然海飞丝"了。

因为这一年,清扬开始进入中国市场,这是宝洁的全球竞争对手联合利华推出的产品,主打卖点同样是"去屑"及深度滋养头皮。面对清扬的市场挑战,宝洁提出了新的解决方案,那就是"实力派"和"当然"。

对此,金牌文案空手在他的畅销书《传神文案》中做过详细的分析:海飞丝的文案策略,就是要继续强化海飞丝在消费者心目中去屑洗发水领导品牌的认知。如果你想买去屑的洗发水,那

信任是相信对方是诚实的、可信赖的、正直的。在心理学中,信任是一种稳定的信念,维系着社会的稳定,是个体对他人话语、承诺和声明的整体期望。

么海飞丝就是你的第一选择，无须考虑其他品牌。

那些优秀的文案，从语言上看，简洁明了、优美动人。但如果你深入研究其背后的营销策略，就会发现每一个都是有效的、系统的、解决问题的沟通和说服方案。

每年春节过后，都会迎来一个找房高峰。2017年，自如就在节后上班的第一天，在北京、上海、深圳的地铁线路上，设置了一组主题为"你可以住得更好一点"的广告海报。比如：

"你说，
你失恋了。
我说，搬个新家吧。"

"不想花时间，
跟房东周旋，
我还得去改变世界呢。"

自如通过观察一组居住在自如房间里的房客因为对生活的不将就而选择自如的真实故事，表达了"每一个追求梦想的人都有理由住得更好"的价值观，而更好的选择就是自如。

要写一个好的文案，首先要建立一套自己的关于产品的销售解决方案。然后利用认知科学规律，用文心，也就是策略性的文字去调动客户的情感和情绪，最终达成销售目标。

2.4 如何把文案写成一棵树

实际上，每个经典的文案背后，都关乎系统的关于消费者的知识框架构建。

为什么文案能够影响消费者对产品的**态度**，它又是如何影响消费者的呢？

因为客户在购买产品或服务时，其出发点是实现一定的价值，为了实现这一价值需要获取一定的利益，为了实现这一利益需要购买一定的产品或服务的属性。

听起来是不是觉得很绕，这就是心理学家米尔顿·罗克奇提出的手段—目的链理论。

简单来说，就是消费者通常将产品或服务的属性视为手段，通过属性产生的利益达到消费的最终目的。

手段—目的链由 3 个层次组成，产品属性、由产品属性带来的消费结果，以及这些结果实现的最终价值。

1. **产品属性**

包括原材料、形态、制造过程等内部属性，以及价格、包装、服务等外部属性。

> **态度**是个体对特定对象（人、观念、情感或事件等）所持有的稳定的心理倾向。这种心理倾向蕴含着个体的主观评价及由此产生的行为倾向性。

2. 消费结果

包括功能利益和心理利益。

3. 最终价值

包括享受、爱、安全、自尊、归属感、成就感、社会认同等。

从手段—目的链理论来看，底端是产品属性，中间是消费结果，顶端是最终价值。

文案其实也在这 3 个层次发力，分别对应着产品文案、销售文案和品牌文案。

产品文案

产品文案着重传达产品的特色，向消费者展示产品的特殊功效，体现产品在同类产品中的优势，以及与其他产品的区别。

各大电商平台的产品详情页，都用大量的产品文案列出所售产品的特性及优点。比如华为 Mate 50 突出了"北斗卫星消息""超光变 XMAGE 影像"和"鸿蒙操作系统3.0"三大卖点，产品文案是这样写的：

"星无界，行致远。

全球首款支持北斗卫星消息的大众智能手机。三网并发，四网协同，与世界安心畅连。"

"超光变，变幻万千。

首款搭载超光变 XMAGE 影像的华为手机，5 000 万像素超光变摄像头，F1.4 超大光圈，物理光圈十档可调，引领未来的移动影像品牌。"

"领势体验，再进一步。

首发搭载鸿蒙操作系统 3.0，操作疾速流畅，高帧稳定丝滑，存储智能压缩。搭载 4 700mA 大电池，超级快充，纵享快意人生。"

这些产品文案，都很注重展示产品属性时的先后顺序，一般都是先向消费者展示产品的特定部分或特点，再向消费者介绍产品基本性能与作用。文案的描述，要从消费者的实际需求出发，由浅入深。

产品文案，尽管讲的是产品的各种特性，但切记要"说人话"，不能罗列一些深奥的专业词语，否则会引起消费者的反感。

销售文案

顾名思义，销售文案就是卖货的文案。销售文案的目的是提高产品的销量，引导消费者看到文案的时候就产生购买的欲望。

销售文案往往会运用很多心理学原理，从人的需求出发，让客户忍不住购买。

比如2018年锤子科技推出畅呼吸智能空气净

化器，其销售文案是这样写的："唰的一下就干净了"。文案非常形象，让消费者很容易联想到这款产品的静音功能很强。

很多人卖东西，只讲产品的功能，根本不管客户是否能理解产品给他带来的好处。表现在文案上，就是我们经常说的"自嗨文案"。

你的产品可能确实不同凡响，但是在客户没有意识到自己需要这个东西的时候，你的产品在客户心里就一文不值。

无论销售人员卖东西，还是你自己写销售文案，都要学会把产品属性转化为对客户实实在在的好处，不管是功能上的好处，还是心理上的好处。

AB 型文案，就是最常用的一种销售文案写法。其中 A（Attention）是吸引客户注意力的事实，B（Benefit）是客户感知的利益。要先告诉客户一个关于产品的事实，然后指明一个显而易见的利益，这个利益是前面的事实导致的，也是和客户直接相关的。

比如 OPPO R9 的"充电 5 分钟,通话 2 小时"，VIVO X9 的"2 000 万柔光双摄，照亮你的美"，iPad 2 的"多才多能，让你不想放手；又轻又薄，让你不觉在手"等，都是典型的 AB 型文案。

销售文案不是产品文案，不是把所有的产品卖点都讲一遍，而是要提炼核心卖点，在你的文案中只突出核心卖点。

在产品特征的描述中，避免使用晦涩难懂的词语，要将产品卖点通过接地气的方式表达出来。

品牌文案

和销售文案不同，品牌文案没有很强的销售说服力，而是侧重于加强品牌的认知、传递品牌的情感、塑造品牌的形象。

品牌文案其实是一种客户**心智**的植入，属于长期、战略性的文案。所以，品牌文案常常从情感或情怀出发，彰显一种品牌态度和消费者的生活态度，慢慢感染消费者。

比如"Just do it（想做就做）"，这是耐克的品牌口号，其针对的是不同年龄、性别、体能、喜欢运动的人群，鼓励他们过上健康向上的生活。自从1988年耐克的广告执行主管丹·威登创作了这句文案后，它就迅速传遍了全世界，成为具有普遍性和个性的时尚宣言。

2015年，丹·威登在自己的专栏中写道："正是这句口号，凸显了耐克作为世界（顶级）标志性和深情品牌之一的作用。"对于无数的耐克消费者来说，他们只要想到耐克，就会想到这句口号。对于他们而言，"耐克"两个字不仅仅局限于产品，更是内化到了他们的心智层。

心智是心理学中的概念，通常指人们对所遇事物产生的心理活动。营销中所说的心智，指的是消费者对品牌和产品的惯性心理认知。

所谓心智预售，就是要抢占客户的心智，当他们有特定消费需求的时候，他们第一时间就能联想到你的品牌或你的产品。

再如运动鞋服品牌 New Balance，2014 年其联合知名音乐人李宗盛拍摄的《致匠心》广告，让"匠心"这个词深入人心：

"手艺人往往意味着固执、缓慢、少量、劳作。但是，这背后所隐含的是专注、技艺、对完美的追求。

……

一辈子总是还得让一些善意执念推着往前，我们因此能愿意听从内心的安排。

专注做点东西，至少对得起光阴、岁月。"

在《致匠心》走红后，2016 年，New Balance 又再次联合李宗盛，拍摄了名为《每一步都算数》的 110 周年广告，也获得很多好评。

"人生没有白走的路，每一步都算数。"品牌文案虽然没有直接表达产品价值，而是表达生活方式和情感态度，但传递着产品的定位，品牌的精神、理念和形象。

品牌文案的持续传播，会像一颗钉子一样，钉在消费者的大脑里，让消费者建立起对品牌的基础认知，甚至占领消费者的心智，最终实现品牌的心智预售。

品牌文案的深层价值是，通过影响消费者的价值观、信念、看法及思维方式，让消费者在受到相应刺激时，采取具有倾向性的行动。

在现实中，人们并非被不利的事件搞得心烦意乱，而是被他们对这些事件的看法和观念搞得心烦意乱。人们带着这些想法，或者产生健康的负性情绪，如悲伤、遗憾、迷惑和烦闷，或者产生不健康的负性情绪，如抑郁、暴怒、**焦虑**和自憎。

心理学家、理性情绪行为疗法（REBT）之父阿尔伯特·埃利斯在《我的情绪为何总被他人左右》中，提出了情绪 ABC 理论：

A 代表诱发性事件。我们在日常生活中遇到的人或事，不论大小好坏，只要能刺激到我们就都算。

C 代表在 A 处出现的具体情形里，你的感觉和你的行为。

通常，我们认为 A 导致了 C，但实际情况是，面对同样的 A，不同的人在其他条件相同的情况下，有可能会导致不同的 C。

这是为什么呢？

因为在 A 与 C 之间，还有一个环节，它持续的时间很短，而且无直接结果显现，所以往往被我们忽略，这个环节就是 B。

B 代表我们的思维方式和价值观。我们对具体的人或事的思考方式，决定了我们在 C 处产生的情感和行为反应，决定了我们是否会被 A 牵着鼻子走。显而易见，A 不直接导致 C，而是经由 B 做出选择后导致了不同的 C。

焦虑是因对亲人或自己生命安全、前途等的过度担心，而产生的一种烦躁情绪。处于该状态下的人会感到害怕、担心、紧张不安、烦闷，甚至会感到惊恐或产生即将死去之感。

如果把文案比喻成一种植物,你觉得哪种植物最为形象呢?

在我看来,文案就像一棵树。其中,产品文案是地下部分的根系,吸收水分和矿物质,将树木固定于土壤。销售文案是地面以上的树干,把树根吸收的养分运送到树叶,又把树叶制造的养料输送到树的各个部分,并与树根共同支撑整个树木。品牌文案是由树枝和树叶组成的树冠,将树根吸收的养分和树叶吸收的二氧化碳,通过光合作用生成碳水化合物。

当你的文案之树的树根深入大地,树干粗壮挺拔,树冠枝叶茂盛时,自然就能吸引客户前来乘凉、憩息,并让他们流连忘返。

2.5 好文案,坏文案

管理学大师德鲁克曾说,获取信息的人分为两种:一种是读者,主要靠阅读获取信息;另一种是听者,主要靠倾听获取信息。

德鲁克说的其实是信息输入。而输出信息的人,也分为两种,一种是作者,另一种是讲者。

在实际生活中,能写又能说的人是很少的。要写一个好的文案,你就要把这两种能力合二为一。也就是说，让读者在阅读文案的时候，感觉就像你在他面前和他讲话一样。

史蒂芬·平克在他的新书《风格感觉》里，介绍了一种有效的写作方法，叫作古典风格。在我看来，这种写法不只适用于日常写作，更适用于文案写作。

平克认为，作者之所以有话要写，是因为他"看"到了读者还没看到的东西，于是吸引读者的注意力，让他们一路看过去。作者为读者打开窗户，但并不直接把真相呈现出来，而是让读者自己探索。

阳志平在《风格感觉》的推荐序中，总结了平克的写作8原则：

1. 节俭使用元话语。
2. 放弃专家腔，更自然地对话。
3. 写作清晰有力，少用模糊词语。
4. 陈词滥调，如避蛇蝎。
5. **抽象**名词，远之；抽象概念，论之。
6. 去掉"僵尸"名词。
7. 采用主动和互动风格。
8. 被动语态，并非洪水猛兽。

适者生存，人类会演化出适合交流的写作风格。在平克看来，写作要符合现代科学揭示的心智与语言运用规律，追求简单、清晰的古典风格的人，正是演化后的赢家。

抽象是指从众多的事物中抽取共同的、本质性的特征，如苹果、香蕉、梨，它们的共同特性就是都属于水果。得出"水果"概念的过程，就是一个抽象的过程。抽象意味着晦涩难懂，让沟通变得困难。

好文案的加减法

自 1994 年起，李奥贝纳广告公司每季度都会进行一次内部的李奥贝纳全球作品评选。在为期 5 天的时间里，来自全球李奥贝纳办公室选送的优秀作品，会被严苛的评审逐一打分。

7 分是优秀作品的标杆，8 分则是能够"改变人们思考与感受方式"的作品……由此类推，10 分留给那个拥有"改变世界"力量的优秀创意，然而至今这个位置依然空缺。

创意的价值是最难量化的，但贝纳相信，秉着以人为本的创意哲学，从 1 分到 10 分，评审能公正地评价每支广告作品。在贝纳看来，科技再炫酷，但**人性**不变。人永远喜欢那些有犒赏性、娱乐性、趣味性的尝试和探索，对趣味相投的事物保持好奇。

知名文案撰稿人李欣频说："文案，是每个人易学的能力。"

好的文案，说到底是对人性的理解，以及对认知科学基本理论的应用。学会文案的减法和加法，你也能写出 7 分以上的优秀文案。

1. 先做减法

还记得老师是如何教我们写作文的吗？大多数情况下教的是加法。

人性是指人的本质心理属性，也就是人的本能。

人性是人类的天性，属于无条件反射。从古至今，关于人性的争论很多，古代就有性善论、性恶论等。

比如描写油菜花,通常老师是这样教的:

加量词:一朵朵油菜花;

加颜色:一朵朵金灿灿的油菜花;

加修辞:一朵朵金灿灿的油菜花,像亭亭玉立的小姑娘,在风中跳舞;

加时间:一个明媚的下午;

加嗅觉:一阵微风拂过,一股淡淡的清香扑鼻而来;

加**想象**:在一个阳光明媚的午后,我看见了一片片金灿灿的油菜花海,在阳光的照耀和清风的轻拂下,翩翩起舞,它们活泼可爱、天真烂漫,像亭亭玉立的小姑娘,一阵微风拂过,一股淡淡的清香扑鼻而来。

但写文案不是写作文,你首先要学的不是加法,而是减法,因为人类的大脑偏爱简洁。

14世纪,英国的逻辑学家奥卡姆对当时无休无止的哲学争论感到厌倦,于是他提出"如无必要,勿增实体",认为那些空洞无物的普遍性要领都是无用的累赘,应当无情地"剃"除,这就是**奥卡姆剃刀原理**。

作家乔治·奥威尔在他的《政治与英语》中明确指出:如果用一个字能说清,就不要用两个字。但凡一个字能删掉,就一定要删掉。

其实,所有经典的写作指南,无论威廉·斯

想象是一种特殊的思维形式,是人在头脑里对已储存的形象进行加工改造形成新形象的心理过程。
想象分为无意想象和有意想象。比如把天上的云朵自然而然地想象为草原上的羊群,就是无意想象。

奥卡姆剃刀原理,也称奥卡姆的剃刀,即简单有效原理。在文案创作中,要求避繁逐简,避虚就实。

托克的《风格的要素》，史蒂芬·金的《史蒂芬·金谈写作》，还是夏丏尊的《文章讲话》，都在提醒我们：

（1）能删掉的都删掉。

（2）好文章得清楚、简洁、准确。

（3）能用大白话讲清楚的事，不要用术语。

（4）多用动词和名词，少用形容词和副词。

雕塑家罗丹说："把那些不需要的石头全凿掉，剩下的就是雕塑。"文案写作也是如此。

2. 再做加法

当你删掉了那些没有必要、华而不实的东西，剩下的就是合格的文案，它们清楚、简洁，让人听得懂，看得明。

但这个时候的文案，可能会显得过于直白、朴素、干巴巴，就像没有修过的照片，让人提不起浏览的兴趣。

从合格文案到优秀文案，还需要再做加法，像使用滤镜一样，给你的文案化个淡妆。通过一定的表现形式营造出特定的语境，从而吸引客户的注意力，让他更容易理解和接受。

古人云：情欲信，辞欲巧。文章贵就贵在一个"巧"字，要注意表达方式，语言要讲究技巧和审美效果。这也就是我们常说的修辞。

文字本身就是一种不完全的工具，无论记载事物还是传达情意，文字的力量其实都是有限的。

而修辞却能充分利用大脑的想象力，帮助读者补足作者难以表达的内容。在古代，修辞作为一种说服的艺术，讲求用象征手段策略性地改变他人的思想、行为和态度。

关于修辞学方面的论著，近代思想家陈望道1932年出版的《修辞学发凡》十分经典，他将修辞手法分为积极修辞和消极修辞，积极修辞主要与文学创作相关，被归纳为比喻、拟人、对偶、排比等38类辞格。

1978年，日本当代著名语言学家佐藤信夫在他的代表作《修辞认识》中，将修辞的默说、踌躇、转喻、暗示等8种形式置于语言的人性根基中，表述为人的各种生存方式和发现性认识的各种造型，打开了当代修辞学的新局面。

随着修辞学的发展，修辞格被分得更细，在2010年出版的《汉语修辞格大辞典》中，修辞格达到了287种。

无论那些优秀的文案作品，还是人们耳熟能详的广告金句，都大量使用了修辞手法，让原本枯燥的文字变得生动形象，使消费者更容易对商家推广的商品产生兴趣。

比如保时捷的"多数人知道，少数人了解"，用的是对称，奔驰的"世界的宠儿，宠儿的宠爱"，用的是顶真，Jeep的"大众都走的路，再认真也成不了风格"，用的是转折。

奥美为长城葡萄酒创作的经典文案:"三毫米的旅程,一颗好葡萄要走十年",就是采用了拟人的修辞手法,一下子让消费者有了画面感,更容易感知长城葡萄酒的品质。

好文案的模因论

我们都知道,人类可以遗传基因。那我们的文化信息是如何演变的,又是如何传播的呢?

1976年,牛津大学生物学家理查德·道金斯在其生物学著作《自私的基因》一书中,首次提出了"模因"这一概念。道金斯认为,人类文化也像生物一样在不断进化,人类文化中也有像推动生物进化的基因一样的复制因子,这就是模因。

模因是文化的基本单位。如果把基因比喻成一个含有特定遗传信息的数据包,那么模因就类似于一个文化信息的数据包。当一个人模仿另一个人时,一个模因就传递给了模仿者,类似于蓝眼睛是由父母通过基因传给孩子的一样。

基因是通过遗传而繁衍的,但模因是通过模仿而传播的。基因相互竞争着,自私地、不顾一切地要进入到下一代的身体里,模因也一样相互竞争着,自私地、不顾一切地要进入到另一个人的大脑里。模因经过竞争、繁殖和进化,只有最强者才能留存下来。

基因是生物体携带和传递遗传信息的基本单位。1909年,遗传学家维赫姆·路德维希·约翰逊在《精密遗传学原理》一书中正式提出"基因"的概念。

同期,遗传学家摩尔根和他的学生在果蝇研究中发现,各个基因以一定的线性次序排列在染色体上,从而建立了遗传的染色体学说。

通常，科学家们可能会把一个短语、朗朗上口的旋律或某个行为当作一个模因。对此，道金斯也没有给出一个严格的定义，但他指出，曲调、想法、口头禅、时装、制作炊具或建造拱门的方法都可以是模因。

模因是如何实现复制的呢？2005年，英国哲学家凯特·迪斯汀在她的《自私的模因》一书中指出，人的大脑心智中潜藏着的信息模因是信息的元表征。在语境的作用下，**元表征**得以被模仿、复制，产生各种各样变异的信息表征内容，从而促使语言进化和发展。

那到底是什么，使得一个模因的复制比另一个更成功呢？研究结论主要有3个方面。

（1）要对人类真正有用，这使得它更容易得到传播。

（2）要容易被人类大脑模仿，这使得它具有竞争优势。

（3）要为人类亟待解决的问题找到答案。

你的文案，要想成功进入消费者的大脑，那它一定要具有容易被复制的语言模因。

很多新人在刚开始写文案的时候，他们的前辈往往会建议先模仿那些优秀的文案，或者套用一些经典的文案模板来写作，就是因为那些优秀文案和模板带有非常强的语言模因。

先模仿，再超越。这是文案前辈对每个新人

元是本源、根本之意。表征又称再现，是信息在头脑中的呈现方式。表征能力是人类区别于其他动物的一大显著特征。比如你看到一个鸡蛋后，在心里用一个圆形来代表鸡蛋，这就是心理的初级表征。知识通过心理表征才能够被理解。**元表征**是指根据两者在内容或形式方面的相似性，利用一种显性形式或隐性形式将另外一种形式或内容再现出来。

的谆谆教诲。那如何超越呢？语言学家何自然从模因的角度观察，提出了同义异构和同构异义两种语言模因传播方式，而这也正是文案新人实现超越的两大装备。

1. 同义异构

同义异构也称基因型模因，是指模因表现出来的形式有所不同，但内容不变。

比如2017年有氧团队为百雀羚创作的文案"剩女不一定是剩下的人，也可以是用剩下的时间等合适的人"，就是同义异构，对"剩女"做出新的解释，形成了所谓的**安慰剂效应**，为这一部分女性减压。

在文案中，我们可以用不同的词语、句型结构来表达相同的概念，这可以使你的文案表达富于变化、生动活泼。同时，这也符合消费者的认知模式，可达到事半功倍的效果。

2. 同构异义

同构异义也称表现型模因，是指模因的结构形式没有变，但内容发生了变化。

比如中国人民保险公司的"天有不测风云，我有人民保险"，从人们熟悉的谚语"天有不测风云，人有旦夕祸福"改编而来。

万科兰乔圣菲的"没有CEO，只有邻居"，钉钉的"没有过不去的坎儿，只有过不完的坎儿"，康王的"没有永远的低谷，只要你不甘低

安慰剂效应，又称伪药效应、假药效应及代谢剂效应，指病人虽然获得无效的治疗，但因"预料"或"相信"治疗有效，而让症状得到缓解的现象。

安慰剂效应也是一种心理暗示效应，外界给予受试者一定的心理暗示，受试者就会产生某种希望，并将这种期望投射在某件事或某个东西上，以此来获得一种特殊的体验。

头"，这些文案都使用了"没有……只……"的递进句式，这些句式符合语言模因的进化机制，更容易被复制和传播。

同构异义不止表现在句式结构上，也表现在同音近音及同性联想上。

比如蜜雪冰城的广告曲"你爱我，我爱你，蜜雪冰城甜蜜蜜，you love me, I love you, Mexue icecream and tea"，被很多人称为洗脑神曲，其实它改编自美国流行音乐之父斯蒂芬·福斯特创作的名曲 *Oh! Susanna*。

很多年以前，我参与策划的一个低密度别墅楼盘，项目案名为"极少墅"，用的就是"极少数"这个模因，引起了当地市场的巨大关注。

作家村上春树说过，不能用语言准确表达的东西，最好完全不说。必须让受众准确领会你要传达的意思，否则说了等于白说。

一个好的文案，不但能让客户看得懂，喜欢看，还愿意去自传播。那些带有模因的优秀文案，尽管带有强烈的商业符号，却总能穿越时间的长河，即使经过多年，一样能打动人心，让人动容。

本章扩展阅读

[1]劳拉·布朗. 完全写作指南[M]. 袁婧, 译. 南昌: 江西人民出版社, 2017.

[2]史蒂芬·平克. 风格感觉: 21世纪写作指南[M]. 王烁, 王佩, 译. 北京: 机械工业出版社, 2018.

[3]王烁. 有效写作13篇[M]. 北京: 中信出版社, 2014.

[4]哈利·D.凯森. 销售心理十四讲[M]. 刘晓倩, 译. 北京: 新世界出版社, 2014.

[5]空手. 传神文案: 文案写对营销才能做对[M]. 北京: 机械工业出版社, 2021.

[6]阿尔伯特·埃利斯, 阿瑟·兰格. 我的情绪为何总被他人左右[M]. 张蕾芳, 译. 北京: 机械工业出版社, 2021.

[7]威廉·斯托克. 风格的要素[M]. 王书准, 译. 北京: 水利水电出版社, 2017.

[8]陈望道. 修辞学发凡[M]. 上海: 复旦大学出版社, 2020.

[9]佐藤信夫. 修辞认识[M]. 肖书文, 译. 重庆: 重庆大学出版社, 2013.

[10]理查德·道金斯. 自私的基因[M]. 卢允中, 张岱云, 陈复加等, 译. 北京: 中信出版社, 2019.

[11]凯特·迪斯汀. 自私的模因[M]. 李冬梅, 谢朝鲜, 译. 北京: 世界图书出版公司, 2014.

[12]何自然, 冉永平. 新编语用学概论[M]. 北京: 北京大学出版社, 2009.

第 3 章

消费者到底要什么

人类的本性将永远倾向于贪婪与自私、逃避痛苦、追求快乐而无任何理性。
——柏拉图，古希腊哲学家

营销是没有专家的，唯一的专家是消费者，你只要能打动消费者就行了。
——史玉柱，巨人网络董事长

你不要老想着自己店里有什么，而是要去看消费者的购物篮子里装了什么。
——铃木敏文，7-Eleven 创始人

当年，索尼准备推出一款 Boomboxes 音箱，它找了一些潜在购买者组成**焦点小组**，讨论这个新产品应该是什么颜色的：黑色还是黄色？

大家的讨论很热烈。有的说黑色是永恒的经典，什么时候都不会出错。有的说黑色太闷了，新品的购买者一般是年轻人。经过对潜在购买者的讨论，每个人都认为消费者应该更倾向于选择黄色。

讨论结束后，组织者为了表示对大家的感谢，让每个参与者挑一款 Boomboxes 音箱样品带回去。黑色，黄色，喜欢哪个拿哪个。

结果出人意料，几乎所有参与者拿走的都是黑色的音箱。

2018 年，在综艺节目《奇葩说》第 5 季中，有一期的辩题为：如果有一个按钮能让你看到伴侣有多爱你，你要不要按？

在当期节目中，4 个战队展开激烈辩论。海天

焦点小组是心理学、市场营销学中常用的研究方法。这是一种小组访谈的形式，通常将 6~12 人召集到一起，就相关主题进行半结构式讨论。

战队队长沈玉琳说:"任何时候,只要有摄影机介入,我就不会是原来的我了。"为了论证自己的观点,他还抛出了量子力学中的**测不准定理**,惹得现场观众捧腹大笑。

"我们经常遇到女艺人,前一天她说:今天怎么这么累,昨天喝酒喝到吐。当摄影机在拍她时,她就说自己在喝养生茶。"

最后,他提出了自己的观点:"所以,只要有机器介入,她就不会是真实的;只要有按钮介入,她就不会是真实的。"

沈玉琳表示,他不想按下按钮。因为,跟对方一起在爱情里闯关,即便失败,下次再战,才是爱情的真谛。

如果换作是你,你会按下这个能看到伴侣有多爱你的按钮吗?

测不准定理,是物理学家海森堡提出的。简单来说,就是粒子有它运动的方式,只要你不观测它,它就按照自己的方式运动。可只要你一观测它,它就会呈现出一个在你观测之下的运动方式。

在消费者调查中,当你被调查时,你是在用理智进行判断;而当你做选择时,更多的是你的潜意识在发挥作用。人的理智会根据你所扮演的角色、所在场景和个人认知,选择性地说话,但是这些所谓正确的话,并不代表你的真实想法。

3.1 他们为什么不买这个

在爱情的世界里,你可能不想了解对方的心思。但在商业的世界里,每个企业都在绞尽脑汁,想搞明白消费者到底有多爱自己的品牌和自己的产品。

每个经营者都相信,如今是一个"买买买"

的时代。以鞋服业为例，2005年，全球家庭服装鞋类总开支为1.68万亿美元，2015年上升到2.29万亿美元，而到2025年，这个数字预计将达到2.98万亿美元。

美国鞋袜经销商协会数据显示，2016年美国平均每人消费了7.3双进口鞋。根据罗伊摩根研究中心的调查，20%的澳大利亚女性每4周会购置一双新鞋。这些鞋会与每年全世界的约3亿双弃鞋一起，最终汇入垃圾填埋场，需花费约50年才能降解。

消费者随时随地都在购物，但是很多经营者感觉到自己的店铺门可罗雀，很多消费者从店门口走过，却对店里的海报视而不见。

百事可乐悖论

消费者为什么买那个，而不买这个呢？

即便像百事可乐这样的全球知名的品牌巨头，也在寻找这个问题背后的消费者逻辑。

1975年，百事可乐发起了一个名为"百事挑战"的大型营销活动。其在达拉斯的街头放置了一张桌子，桌上摆着两个完全相同的杯子，一杯装着百事可乐，另一杯则是可口可乐，让挑战者选择自己喜欢的可乐。结果，盲测的胜出者一直都是百事可乐。

百事可乐将挑战过程剪辑成广告,在电视上循环播放,宣传去掉包装后,消费者更喜欢喝百事可乐。于是,百事可乐的销售量猛增,一度与可口可乐的差距缩小为2:3。

但由于这个挑战是由百事可乐主导的,于是有人指责广告公司在背后进行了操纵。

为了验证"百事挑战"的真实性,20多年后,来自贝勒医学院的脑科专家们进行了实验,揭示了其中的神经机制,并把结果发表在了2004年的权威神经科学期刊《神经元》上。

研究团队挑选了67名消费者,让他们在喝可乐的时候接受**核磁共振成像**扫描。结果与之前的相同,百事可乐在双盲测试环节胜出,被试者对它的评价更高,而且它激发了更强烈的壳核活动。壳核位于大脑深处的纹状体中,是奖赏回路的一部分。也就是说,在双盲测试中,喝百事可乐给人们带来了更多的快乐。

但当被试者看到饮料标签的时候,情况却发生了转变,几乎所有人都认为可口可乐更好喝。扫描显示,他们的大脑皮层参与进来,这是负责高级认知功能的区域,它影响了味蕾的判断,宣布"还是可口可乐更好喝"。

这就是心理学中的百事可乐悖论,脑科专家们为此解释说:"可口可乐商标有力地影响了人脑中与行为控制有关的活动——进行回忆和闪现

核磁共振成像(fMRI),是通过刺激特定感官,引起大脑皮层相应部位的神经活动,并通过磁共振图像来显示的一种研究方法。

在认知神经科学研究中,除了核磁共振成像,还有事件相关电位(ERP)、脑电图(EEG)、脑磁图(MEG)、正电子发射型计算机断层显像(PET)、功能性近红外光谱(fNIRS)、经颅直流电刺激(tDCS)、经颅磁刺激(TMS)等技术,帮助我们打开大脑"黑匣子"。

自我形象。"

消费者在消费过程中，其实是带有认知偏见的。他们普遍厌恶风险，会维持已有看法，总是基于过往的记忆、习惯来评价新品牌和新产品，从而造成与经营者之间的感知鸿沟。

事实上，**偏见**无处不在。在工作和生活中，关于性别、年龄、身高、体重、相貌、学历、地域、种族等的偏见比比皆是。

人类是一种非常懒的动物，为了节约自己大脑中的认知资源，进化出了很多省时省力的思考方法。其中最典型的就是，人们会自动简化所见的世界。

偏见是对某一个人或团体所持有的一种不公平、不合理的消极否定的态度。偏见导致的一些负面行为，就叫作歧视。

社会心理学家阿伦森认为，偏见是人们依据错误的和不全面的信息概括而来的，针对某个特定群体的、敌对的或负面的态度。

偏见不是误解，偏见源于认识者的偏颇式心理，而误解则源于对象的复杂性。

心理舒适区

1988 年，波士顿大学的威廉·萨缪尔森教授和哈佛大学的理查德·塞克豪泽教授在研究哈佛大学 9 000 多名教职工的医疗保险计划时发现，当有新的保险计划可供选择时，大多数人仍选择继续使用他们原来的计划。尽管新计划和旧计划相比，费率可能会更低，每次看病花的钱更少，但大多数人不愿意主动做出改变。

萨缪尔森和塞克豪泽把这种现象命名为安于现状偏见。两位教授认为，人类倾向于维持现状。即便现状客观上劣于其他选项，人们还是会做出维持现状的决定,而且倾向于将改变视为一种损失。

为什么人们会倾向于安于现状呢?其实这就是人的本能,因为认知的过程是痛苦的,人们自然而然会寻求让自己最舒服的状态,"躺"在自己的舒适区,不用学习,也不用思考。

在地理学上,舒适区往往用来形容那些气候宜人、四季如春的地区。而心理上的舒适区,则是指我们应对和处理事情的**行为**和习惯。2009 年,管理学家阿拉斯代尔·怀特为舒适区下了一个定义:人把自己的行为限定在一定的范围内,他对这个范围内的人和事都非常熟悉,从而有把握维持稳定的行为表现。

心理学家诺尔·迪奇提出行为改变理论,他把人类对外部世界的认识分为舒适区、学习区和恐慌区三个区域。以海水为例,可将其分为岸边、浅水区和深水区,假如你是一个不会游泳的人,那肯定待在岸边最舒适也最安全。每当你往前走一步,心里的恐惧和不安就会增加。

心理舒适区就像在人们的心里建造了一道防御屏障,它起到了避风港的作用,让人们感觉舒适惬意,对现状持有一定的满意度,也就失去了改变的欲望。

但对于文案来说,舒适区却是灾难性的,因为它让消费者降低了对外界信息的接纳度。

行为是指有机体在各种内外部的刺激影响下产生的活动。

不同心理学分支对行为的研究角度有所不同。生理心理学主要从激素和神经的角度研究有机体行为的生理机制;认知心理学主要从信息加工的角度研究有机体行为的心理机制;社会心理学则从人际交互的角度研究有机体行为和群体行为的心理机制。

命令式文案

你走进一家路边店,本来想随便看看,但一位主动的销售人员,在你一进门后就凑上来,让你试试这个,看看那个。

你会感觉如何呢?我相信你应该是不满意的,你最终会离开这家店。因为你心里的防御机制会被激活,让你抵抗这个销售人员,以证明自己是独立的。

1966 年,心理学家杰克·布雷姆提出阻抗理论,认为当自由受到威胁时,人们会用他们所能够采取的一切行动进行抵抗。如果一个人将施加影响者的努力看作对个人行为自由的威胁,这个人就会通过拒绝遵从或者以相反的方式行事来捍卫自己的自由。

这也就是如今命令式文案越来越让消费者反感,甚至拒绝的原因。

你也许没用过金立手机,但应该知道它的那句广告文案:"不要两千九,不要一千八,只要998,就能带回家。"

这就是典型的命令式文案,直接告诉消费者怎么做,并要求他们按照文案的内容做出行动。

消费者是生活中一个个真实的人,他们不是你的士兵,更不会把你当作长官言听计从。俗话说，有压迫就有反抗。当消费者看到这些风格强硬的文案时，他们不仅会无视它们，还会给它们贴上负面标签。

以某些生硬的环保文案为例，一条是命令式的"为减少空气污染，一定要多乘坐公共交通"，而另一条是较为委婉的"为减少空气污染，可以考虑多乘坐公共交通"，研究显示，命令式文案的效果明显更差。

在佛罗里达大学关于命令式广告的研究中，研究者发现命令式广告被消费者视为一种公开的说服企图，让他们感觉自己被操纵，引起了他们的怀疑，增加了阻抗。

比如以下4种广告：

（1）"买买买"的命令式广告；

（2）"请买吧"的有礼貌的命令式广告；

（3）"这是购买的好机会"的委婉的命令式广告；

（4）"新装上市"的非命令式广告。

结果显示，礼貌的"请买吧"请不动消费者，委婉的"好机会"却成功打动了消费者，降低了阻抗，提高了销量。

但遗憾的是，命令式文案却是惯用的广告手法，广为盛行。据美国发行审计局统计，美国杂志中有72%的广告含有命令式文案，平均每条广告中会出现两个命令式语句。可以说，消费者的一举一动都会被文案指手画脚。

文案的任务，从来都不是替消费者做决策。我们耳熟能详的那些命令式文案，几乎都不是因为好评而让我们记住的，反而是由于它们直白粗犷的语言和大把烧钱的出镜率，以及唤起我们的种种负面情绪，才令我们印象深刻。

消费者并非铁石心肠，只要你把故事讲舒服一点，讲述的方式动人一些，他们就更容易，也更愿意买单。

3.2 消费者是如何做选择的

1957 年，市场研究专家詹姆斯·麦克唐纳·维卡里在杂志上发表了一个让人震惊的关于潜意识信息的广告实验。

他宣称在新泽西州的一家电影院里，进行了一次为期六周的实验，实验的对象是对此毫不知情的客人。他在影院播放电影《野餐》时，用一个特殊的装置，让荧幕每隔 5 秒便闪烁"吃爆米花"和"喝可乐"的文字。文字仅仅持续三千分之一秒，短暂到让人无法察觉。

维卡里的实验报告显示，在试映结束后，可乐的销量上升了 18.1%，而爆米花的销量上升了

阈下信息是指低于阈限的刺激。反之，高于阈限的则被称为阈上信息。

通常，作用于人体感觉器官的刺激，需要达到一定的强度才能被感知到。那种刚刚被感知到的最小刺激量，称为绝对感觉阈限。低于阈限的刺激，虽然我们感知不到，但能引起一定的生理效应。

57.8%。维卡里说，这无疑是在影片中插入文字的效果，证明了无法被察觉到的信息也能在无形中影响人们的消费行为。

一时间人人自危，关于"阈下信息"的传闻四处传播。人们都非常害怕自己像这样在不知不觉中被洗脑，以至于英国等一些国家专门出台规定，禁止在广告上运用潜意识信息。

直到1962年，维卡里才在《广告时代》上公开承认，整个所谓的实验是一场骗局，从未真实存在过，就连进行实验的那家电影院的经理也不知道真相。虽然他确实有那么一台装置，但实验数据和结果皆是自己捏造的，目的是给他自己的公司制造噱头。

需求三角

数十年来，研究人员进行了很多关于视觉阈下信息的实验。其中一些证明了阈下信息确实会对人产生影响，但这种影响十分有限，想要控制人的思想就更不可能了。

这些实验还发现，所谓阈下信息的效果仅限于在人有需求的情况下的"促进"作用，而非迫使人产生或改变特定的想法。比如被试者本来就口渴，受到潜意识刺激后，会更加口渴。

需求是一切营销的前提。如果消费者没有需

求,你使再多的招数都是无效的。

文案的首要任务,就是要了解消费者的真正需求,了解他们到底要什么。

1943年,心理学家亚伯拉罕·马斯洛发表了《人类动机理论》,提出了需求层次理论,把人的需求分为生理、安全、社交、尊重和自我实现5层。后来,克雷顿·奥尔德弗在需求层次理论的基础上,提出人们有3种核心的**需要**,即生存的需要、相互关系的需要和成长发展的需要,被称为ERG理论。

当然,需要并不是需求。需求是人们为了满足特定的需要,形成对特定产品或服务的购买能力。从需要变成消费者的需求,还有一段很复杂的路要走。

2017年,百度前副总裁李靖在混沌大学的"破解消费者需求密码"课程中,提出了需求三角模型,很好地阐释了消费者需求的形成机制。

1. 缺乏感

缺乏感是消费者的理想与现实之差,它是需求形成的第一个要素。所有的需求都源自某种缺失,没有缺失就不会形成需求。比如一个刚毕业的女大学生,可能觉得一个两百元的包包很好看,但参加工作后,她发现同事背着几千元的包包,缺乏感就出现了。

在生活中,消费者的缺乏感往往是受营销的

> 需要是指人体组织系统中的一种不平衡的状态。需要是人们与生俱来的天性,是有机体感到缺少某物而力求获得满足的心理倾向。
> 需要不等于需求,需要是客观的,而需求是主观的;需求可以被创造,而需要无法被创造,一般情况下无法改变。

影响而形成的,这在很大程度上也要归功于文案。

2. 目标物

缺乏感只是消费者的一种感觉,还没有办法促成购买。消费者需要有一个明确的目标物,也就是需求形成的第二个要素,它是填补缺乏感的解决方案。

还是以前面那个刚毕业的女大学生来说,她初入职场,缺乏存在感。她找到的有存在感的目标物可能是更贵的包包,可能是更好的工作业绩,也可能是和同事建立更好的关系,这取决于她的价值观。

不同的文化、环境,以及不同的人,在同一种缺乏感下,会选择不同的目标物。

3. 消费者能力

缺乏感加上目标物,就构成了消费动机。但这还不够,要形成需求还有第三个要素,就是消费者能力。

这个能力,不仅仅指经济上的支付能力,还指消费者的学习能力、信任成本等。很多产品围观群众很多,但叫好不叫座,问题往往就出在没有给消费者赋能上。

缺乏感、目标物与消费者能力,构成了需求三角模型。所有需求的构成必须满足这三个要素,缺了其中任何一个,需求都无法形成。那些失败的产品营销,往往都没有构建起完整的需求三角。

一个文案，要擅长识别和利用消费者需求的缺口，这样才能增加他们对你的产品的需求。

人类决策理论

消费者形成需求后，他们最终会选择什么，他们会选择你的产品吗？

文案需要解决的最大问题，就是要搞清楚消费者是如何进行选择的，也就是他们是依据什么来做决策的，他们为什么接受一个品牌或产品及如何选择不同的产品。

有很多关于消费者的**决策**过程的理论，其中约翰·A·霍华德于1977年提出的人类决策理论，被大家广为接受和普遍使用。霍华德把消费者决策过程分为3类：习惯型决策、有限型决策和扩展型决策。

> 简单来说，**决策**就是决定的策略或办法，是人们为各种事件出主意、做决定的过程。
> 从心理学角度来看，决策是人们思维过程和意志行动过程相结合的产物。没有这两种心理过程的参与，任何人都是做不出决策来的。

1. 习惯型决策

这是一种无意识的，几乎凭直觉就不假思索做出的决策。比如"我每天都喝农夫山泉"，或者"我一直都用云南白药牙膏"，这是一种重复性选择，代表消费者已经形成习惯。

对于文案来说，消费者的习惯性购买可不是什么好事，你日思夜想的文案到了消费者那里，他们竟然依靠熟悉度来做决策。

条件反射在解剖生理学上又称前馈控制系统,有经典条件反射和操作性条件反射两种。

经典条件反射指在一定条件下,外界刺激与有机体反应之间建立起的暂时神经联系。著名的心理学实验"巴普洛夫的狗"就是经典条件反射案例。

与经典的条件化行为不同,操作性条件反射并不是由特定的刺激所诱发的,而是一种习惯偏见。查理·芒格对此有一个通俗的解释:人们会重复他们上一次成功的活动。

在决策时,人们往往依靠许多简单的策略或经验法则,这些简单的法则就被称为**启发式**。

很多新产品进入市场,就会利用消费者的**条件反射**机制、首因效应等进行喜好操纵,改变他们旧有的习惯。

比如喜之郎旗下的几个产品文案,喜之郎果冻的"果冻我就爱喜之郎",美好时光海苔的"海苔我就要美好时光",优乐美奶茶的"爱她,当然要优乐美"等,这些文案谈不上多有创意,但通过轰炸式的宣传,让消费者对产品形成了条件反射。在说到果冻时,他们首先想到的就是喜之郎,而在说到海苔时,他们就会想到美好时光。

2. 有限型决策

和习惯型决策相比,有限型决策要多花一些精力。消费者通常会有几个选择,但是他们需要花时间考虑这些选择。比如在比较几款内衣时,消费者通常会收集一些信息,并开始比较、选择。

在有限型决策中,消费者没有那么多时间和精力去搜索足够多的信息,无法确保做出的每个决策都百分之百正确,或者是决策的重要性低,没有必要这么做。于是他们通常会以一种快速的、看起来不费力气的方式做出决策,节省大量时间,这种思维方式在心理学上称为**启发式**。

在启发式的影响下,消费者会依赖以往的经验总结出事物的一般原理和普遍性,从而在面对具有共性的事物时实现快速决策。当然,这样的决策方式容易产生认知偏差,也就给文案创造了影响消费者选择的机会。

比如故事营销、原产地营销、明星代言、价值观输出等，通过和消费者建立起情感关联，让消费者产生认知偏差，在选择产品时，为了保持心理一致性，他们就容易为此买单。

3. 扩展型决策

在这种决策中，消费者需要进行详尽细致的考虑，甚至在购买后还需要与商家进行交流。这类决策需要消费者投入大量时间、金钱，而且还可能存在一定的风险。

比如在购买汽车、房产等重要、不确定性高、购买频率低的产品时，消费者信任成本很高，没有特定的品牌喜好，会担心买贵了，满足不了功能属性，以及被身边的人嘲笑等。因此，他们会收集大量的信息，仔细对比每一个备选产品后，再做出决策。

这时文案就不能采用和竞品同质化的语言文字，而是要用意见领袖、第三方测评等真实、鲜活、生动，源于消费者身边的例子来打动消费者。

今天的很多消费者，依赖于开箱测评、UP主推荐、平台榜单等进行决策。B站公布的数据显示：2021年，国内有1.89亿人在B站上观看开箱测评视频，开箱测评类视频月均播放量同比增长62%。

启发式是减少心理消耗的潜在捷径，用迅速且不怎么费力的方式做出复杂的决定或推论。有3种经典的启发式，分别是易得性启发式、代表性启发式和锚定效应。

3.3 有 AB 两个消费者

2011年,在第83届奥斯卡颁奖典礼上,娜塔莉·波特曼凭借在影片《黑天鹅》中的精彩表现获得最佳女主角桂冠。

《黑天鹅》电影以柴可夫斯基的著名芭蕾舞剧目《天鹅湖》为背景,主要讲述了波特曼饰演的妮娜,一位芭蕾舞演员身上的超自然惊悚故事。

妮娜是一位资深的芭蕾舞演员,她的生活中只有舞蹈及野心勃勃的职业目标。好机会终于降临,当导演托马斯决定为新一季《天鹅湖》挑选新演员时,妮娜成为第一候选人。不过,她还有一个竞争者莉莉,托马斯要求舞者不仅能演出白天鹅的无辜与优雅,更要能演出黑天鹅的诡诈与淫荡。妮娜是完美的白天鹅,而莉莉却是黑天鹅的化身,渐渐地,两位舞蹈演员的竞争与对抗进入扭曲的状态,妮娜开始鲁莽、不顾一切地探索自己黑暗的一面,而这也将毁掉她。

整部影片通过特殊的镜头艺术,突出妮娜内心的黑白争斗,表现人物的挣扎与痛苦,从而揭示影片的现实意义:人性具有矛盾的 AB 面,要敢于正视内心深处的灵魂。

同样，消费者也有 AB 面，他们经常在两种相对的心理状态之间切换、取舍和平衡。

喜新与恋旧

如果你佩戴的是 Apple Watch，你可以把手伸出来，看看它的表冠，也就是表右侧的旋钮，你觉得它有什么特别之处吗？你也可以在网上搜索一张 Apple Watch 的图片，和传统手表的表冠对比一下。

Apple Watch 的表冠在形式上与传统手表几乎一模一样，但是它的位置很特别，传统手表的表冠都在右侧正中央，而 Apple Watch 的表冠则在右侧偏上的位置。

苹果首席设计师乔纳森·艾维在接受采访时曾透露，这个设计理念既包含消费者熟悉的旧元素，又有他们不熟悉的新元素。形状是一个旧元素，让消费者感觉亲切，而位置这个新元素又让消费者对表冠的功能产生有别于传统手表的预期。事实也的确如此，Apple Watch 的表冠可以实现更加复杂的操作和功能。

在心理学博士魏知超的《进击的心智》一书中，他对消费者"喜新"与"恋旧"的心理机制进行了研究，指出多数人喜欢的是新旧平衡，一方面希望这个世界的一部分是可以预测的，是旧的，这样就可以省心地过上平静的生活；另一方面，又渴望惊喜。就像 Apple Watch 的表冠，它一方面让消费者感觉熟悉，另一方面又让消费者觉得新奇。

1. 恋旧的心理机制

如果你盯着某个你非常熟悉的字多看一会儿，在某一刻，你一定会忽然发觉自己不认识这个字了。

这种现象叫**重复抑制**。因为大脑有意识地处理信息相当耗能，所以对熟悉的事物，大脑会暂时关停对它的意识反应，这样就可以为大脑节省能量。这就是你盯着一个字看了一会儿后不再认识它的原因，因为你的大脑决定在这个字上节省点儿能量。

人都有恋旧的心理，当人们面对这些熟悉的"旧"事物时，大脑就会进入低耗能的状态，让人感觉放松和惬意，很有安全感。

关于恋旧，心理学上有一个禀赋效应，即当一个人一旦拥有某个物品时，那么他对该物品价值的评价要比拥有之前大大增加。即便这个物品根本就没有那么高的价值，但在他的评价体系里，他还是会认为他的物品很特别。

2. 喜新的心理机制

虽然人们都喜欢安全的舒适区，但一成不变的生活会让人发疯。

重复抑制是指重复出现内容相同的东西时，因为相同性质的东西互相抑制、互相干涉而产生了遗忘的结果。心理学家沃尔夫冈·柯勒把这种现象命名为重叠效应。

重复抑制的产生有三个条件：一是类别相同；二是辨识度低；三是特征无序。

在影片《土拨鼠之日》中，男主角每天早晨醒来，都会重复相同的一天。刚开始时，他觉得这样的生活挺有意思的，比如做各种恶作剧也不会留下任何后果。但随着重复的次数增加，他变得越来越渴望各种新鲜刺激，他去学法语，学钢琴。当再也没什么可学了之后，他的精神崩溃了。

旧环境虽然安全，但在一个一成不变的环境里，资源和机会总是有限的，而在新的环境里才会有新资源和新机会。因此"新"让人们感觉兴奋、刺激。

喜新在心理学上也可以解释为**近因效应**，即新的信息比以前获得的信息对人们的认知影响更大，新的信息会冲淡或代替人们心中以前的印象。比如一个成绩平平的学生，通过高考考上了重点大学，人们往往会对他刮目相看，这就是近因效应。

> **近因效应**是序列位置效应的一种。1957年，心理学家A·卢琴斯根据实验提出近因效应，指的是在多种刺激依次出现的时候，印象的形成主要取决于最后出现的刺激。
>
> 首因效应则相反，这是一种先入为主的印象，最先被接收的信息所形成的第一印象，构成了大脑中的核心知识或记忆图式，也叫首次效应、优先效应或第一印象效应。

狩猎与享用

不知道你有没有听说过那个经典的渔翁与富翁的故事。

从前，有个渔翁，每天在海边悠悠闲闲地钓几条鱼，够维持生活就不钓了。

有一天，一个大富翁来到海边，坐在渔翁旁边钓鱼。他对渔翁说："我给你一个建议，多钓些鱼,吃不了就卖掉,把钱攒起来,买条船,以捕获更多的鱼,将来住大房子,吃好玩好,然后像我一样在海边悠闲地钓鱼。"

渔翁说:"我现在不是在海边悠闲地钓鱼吗?"

在生活中,有人追求奋斗的过程,也有人追求结果的享受。当然,这两种追求并无优劣之分,它们都是让人们长久坚持下去的动力。

在《进击的心智》一书中,魏知超介绍了狩猎快感和享用快感两个心理学术语,这出自精神病学家唐纳德·克莱恩的一个比喻。克莱恩指出,原始部落里的猎人,如果想掌握打猎这项技能,首先他要能感受到狩猎快感,也就是在追逐猎物时感受到的那种兴奋、刺激和力量感。

狩猎快感主要由大脑中的多巴胺产生。当多巴胺大量分泌时,人们会拥有追求目标的欲望。这是一种让人紧张的快乐,有了它的加持,人们才会有足够的行动力。

不过,光有狩猎快感还不够。在成功捕获猎物后,猎人还需要得到犒赏,他们与部落里的男女老少围在篝火边,一起载歌载舞,享用美味的猎物。同时,成功捕获猎物的猎人还会得到族人的称赞和感谢。这一切构成了享用快感。

享用快感主要由大脑中的阿片类神经递质驱动。阿片类神经递质的分泌会让人产生满足感,这是一种让人放松的快乐，让猎人感觉自己的付出物有所值。在这种满足感的推动下，猎人会心甘情愿地踏上下一次的狩猎之旅。

在《贪婪的多巴胺》中，利伯曼说大脑是被欲望分子和当下分子控制的。人们一边流连于现在，一边又向往着远方。

购买并不是一件轻松的事，要让消费者心甘情愿地掏出钱包，你的文案通常就需要狩猎快感和享用快感的双重加持。

比如健身，它本身就是一件反人性的事情，需要消费者和自己的懒惰作斗争。但 Keep 就通过"自律给我自由"等一系列文案，让消费者感受到狩猎快感，主动尝试运动，甚至将健身融入自己的日常生活。

3.4 文案就是要趋乐避苦

1978 年，经济学家理查德·伊斯特林对美国民众进行了一项**横断面调查**，征询"何谓过上美好生活"。

"你想从生活中得到什么？"他发给受访者一张列有汽车、电视机、海外休假、游泳池和度假屋等 24 项大额消费的清单，并询问道，"当想

横断面调查，也称横断面研究，是在某一特定时间，对一定范围内的人群，以个人为单位，收集和描述人群的特征，以及疾病或健康状况。

在心理学研究中，主要有 4 种基本方法，即：观察法、实验法、调查法和测验法。其中，调查法又分为问卷法和访谈法。

象你想拥有的美好生活时（如果有），就个人而言，你认有清单上哪些算是那种美好生活的一部分呢？"接着他还要求受访者勾选出自己已拥有的物件。

在16年后的1994年，他又对同样的人群进行了调查。这次最能说明问题的是，虽然受访者确实拥有了更多物件（对比1978年的1.7件，1994年为3.1件），但他们还渴望得到更多清单上所列的物件（有别于1978年的4.4件，这次的为5.6件）。

换句话说，16年来，在人们拥有的和迫切渴求的物品数量之间，差距仍然稳定在2.5件左右。人们总是差那两个半的好东西，而且似乎永远如此，因为满足从来都不曾存在于人类的基因中。

好物两个半

为什么好物总是差两个半呢？

因为不满足是我们最大的天赋，纽卡斯尔大学行为科学教授丹尼尔·内特尔在《幸福：追求比得到更快乐》中写道："我们作为生物体，需要找出对自身来说最好的东西。为了生存，或者能更好地开枝散叶，我们必须不断扫视地平线，密切留意更好的环境、社交网络及行为模式，而且始终留有一丝不满的空间，以便一些真正特别的东西进入视野。"

我们都知道**进化论**，从生物进化的角度来看，人类心理特征是进化适应的，是人类进化中自然选择或性选择的功能产物。

对此，进化心理学家罗伯特·赖特在他的《洞见》一书中指出，为保证物种的延续，我们就要做各种事情，包括吃饭、求偶、生育、获得生存资本等。

但是，如果我们只想进化，却不想传播基因呢？所以，在进化的选择中，慢慢留下的人保留了3个特征。

（1）做完特定的事情会感受到愉悦。比如吃饭，恋爱。

（2）愉悦的感受都是短暂的。这样你才会去做第二次、第三次……以便持续获得愉悦。

（3）大脑会重视第1点，而忽略第2点。这样才不至于"怀疑人生"，避免像《土拨鼠之日》中崩溃的男主角。

很多时候，我们就像那头拉车时脑袋前面钓着胡萝卜的驴。有了胡萝卜的吸引，驴卖力卖劲，蹄子坚实地踏在地上，背上的重担轻了些，遥远的路途近了些。

我们心中迫切渴求的与实际拥有的之间形成的落差，让我们很难抵御那些富有诱惑力的信号。尤其是那些承诺能缩小我们当下与未来之间的差

进化论是生物学家达尔文在《物种起源》中提出的一种假说，专指生物由简单到复杂、由低级到高级的变化和发展。

进化心理学从进化论的角度出发，运用进化生物学的原理和方法来探讨人类心灵的结构和起源。

进化心理学认为，人类的心理（Mind）就是一整套信息处理的装置，这些装置是由自然选择形成的，其目的是处理我们祖先在狩猎等生存过程中遇到的适应问题。

距，让我们拥有与优秀者一样的诸如地位、容貌、健康和财富等特质的信号。

今天，我们接触的每一个商业场景，都在鼓励你消费，让你"买买买"。小到买一支雪糕，大到买车、买房，购物随时随地。

1968年，心理学家罗伯特·罗森塔尔等人所做的实验证明，如果教师对某些学生持有积极的看法，那么这些学生的课堂表现就会有显著的进步，学习成绩也会提高，尽管教师的这种看法可能是完全不正确的。

这就是心理学上的罗森塔尔效应，它表现为"当你向表达对象不断传递某种期望时，对方就会朝期望的方向改变"，从而达到正向效果。

近年来，罗森塔尔效应被普遍应用在营销中。比如2007年，影星袁咏仪的一句"弹弹弹，弹走鱼尾纹"，迅速将丸美带到消费者眼前，让丸美的弹力蛋白眼霜产品爆卖，从此开启了中国女性眼部护理的启蒙时代。

如今，越来越多的品牌都在强调独立自信、爱自己，比如奔驰的"买包解决不了的事情，背包试试"，Jeep的"为别人奔波了大半生的路，从今以后的路，为自己而走"。而天猫的"未来有多美，我不知道。美会更有未来，我确定"，松下洗碗机的"三年前，你脸红心跳牵过的那只手，是用来刷碗的吗"，戴森的"别让2000元以下的风吹过她的头发", 朝歌里人文小镇的"有自己的宫殿, 你就是女王", 真的就只差叫你"剁手"了。

躯体标记理论

人其实有一种本能, 那就是趋乐避苦。

精神分析学派创始人弗洛伊德认为, 人类有追求满足的、享受的、幸福的生活的潜意识。这种潜意识虽然看不见摸不着, 却一直在不知不觉中控制着人类的言语和行动。

没有人只会追求痛苦, 而不要快乐。即使是那些英雄圣人, 他们舍生取义, 也是因为他们认为自己的困难代表着某种崇高和美好。很多在高难度游戏中被虐得死去活来的玩家, 也并不是跟自己过不去, 而是在受苦的同时享受着狩猎快感。

为什么人的本能是趋乐避苦呢? 神经学家安东尼奥·达马西奥在《笛卡儿的错误》中提出了躯体标记理论, 他认为人们会为自己做出的行为, 打上一个情绪标记, 标记分为积极情绪和消极情绪。当这个行为再次出现时, 人们就会根据原来的标记做出反应。

比如玩《王者荣耀》、刷抖音让你快乐, 你就会给它们标记上积极情绪, 而学习、拜访客户让你觉得痛苦, 你就会给它们标记上消极情绪。

精神分析学由弗洛伊德创立, 弗洛伊德认为, 人的心理包含着两个主要的部分, 即意识和无意识。

之后, 弗洛伊德的弟子卡尔·荣格在人类无意识的基础上, 创立了分析心理学。荣格认为, 心灵包括三个层次: 意识、个体无意识和集体无意识, 它们分别有各自的含义和作用。

这样当你再次想到玩游戏时，就会很开心，于是你就打开了《王者荣耀》。

趋乐避苦是人的本能，然而，这也正是让人痛苦的根本原因。按照躯体标记理论，大脑会将短期享受标记为积极情绪，把会产生长期收益的行为标记为消极情绪。这就导致你明明想要减肥，看见美食时却又忍不住大快朵颐；明明知道要控制消费，在"双十一"却又忍不住加满购物车。

文案要顺从人性。因此你的文案，就是要趋乐避苦，让消费者一看到文案，就能直接引发他们的积极情绪，产生消费**动机**。

Kindle 是亚马逊的电子书阅读器，每当新产品推出都会有好文案产生。2019 年 3 月，亚马逊推出全新 Kindle 青春版，与上一代产品相比，全新 Kindle 新增内置阅读灯，可随意调节屏幕亮度，在夜晚的室内或阳光明媚的户外等多种场景中均可享受舒适的阅读体验。这次 Kindle 的文案是，"读书的人，面上有光"。

这个看似简单的文案，却没那么简单。一句文案，却有多层含义，浅层的含义是屏幕表面上有光，光照在阅读者的脸上。深层的含义则是鼓励阅读，因为对于很多消费者来说，读书不是件快乐的事，读书被他们标记上消极情绪。

同样是鼓励阅读，最经典的莫过于奥美早年为天下文化出版公司 25 周年庆活动创作的"我害

动机是激发和维持有机体的行动，并将行动导向某一目标的心理倾向或内部驱动力。

动机在心理现象中属于心理状态。1918 年心理学家伍德沃斯将动机应用于心理学，他认为动机是决定行为的内在动力。

怕阅读的人"：

"不知何时开始，我害怕阅读的人。就像我们不知道冬天从哪天开始，只会感觉夜的黑越来越漫长。

……

我害怕阅读的人。我祈祷他们永远不知道我的不安，免得他们会更轻易击垮我，甚至连打败我的意愿都没有。我如此害怕阅读的人，因为他们的榜样是伟人，就算做不到，退一步也还是一个——我远不及的成功者。我害怕阅读的人，他们知道"无知"在小孩身上才可爱，而我已经是一个成年人。我害怕阅读的人，因为大家都喜欢有智慧的人。我害怕阅读的人，他们能避免我要经历的失败。我害怕阅读的人，他们懂得生命太短，人总是聪明得太迟。我害怕阅读的人，他们的一小时，就是我的一生。我害怕阅读的人。

尤其是，还在阅读的人。"

这篇1 000多字的长文案之所以被很多人赞誉，不仅是因为它精湛的文采，还因为它貌似谈害怕，实为谈敬佩，促使更多人成为爱阅读的人。

3.5　你的消费者被堵在路上

2006年冬日的一天，某城市影城的陈经理有些焦虑。

他负责的这个影城，位于当地最好的购物中心，人流量大，常年保持很高的票房收入。但最近两周，他发现来看电影的观众好像和天气一样"降温"了，收入同比下滑非常明显。

于是他进行了调查，发现原来很多自驾车来看电影的观众消失了。由于该影城地处闹市，尽管周边有3个大型地下停车场，但停车比较麻烦，尤其是最近几个停车场还相继上调了停车费。有观众吐槽说：最近大片多，本来想看个过瘾，没想到几次停车都停出了麻烦，不是找不到停车位，就是停车费一交就是二三十元，比电影票还贵，坏了好心情，没有了动机。

后来，陈经理带着管理团队与停车场经营方进行多次商谈，最终推出了凭电影票可领取免费停车券和优惠券的活动，观众慢慢又恢复到了原来的流量。

对于观众来说，他的观影成本不只是票价。要赢得消费者的心，你得从软服务着手，完善配套设施，替消费者考虑周全。比如一个贴心母婴室的设置，一个寻车导航系统的设计，一次凭票免费停车的优惠等，这些都可能瞬间击中消费者的内心，从而让你成为他们购买时的首选。

消费是一个旅程

即便是在互联网高度发达的今天，农产品实现了"从田间到餐桌"，但消费者购买农产品依然不是一件容易的事。

因为购买并非按一下付费按钮就完成了。购买是一个**心理过程**，要经过很多的接触点和关键里程碑。比如甲骨文公司认为，虽然表象只是购买和拥有，但它的客户至少要经历从需求、搜寻、选择、购买、收件、使用、售后和向别人推荐这8个过程。而客户在其中的每一个过程中，又会遇到很多的接触点。

就像你出去旅游一样，你会去不同景点，最后抵达终点，然后又会返回出发地点。这一路上，你会有期待，有不安，有满足，有失望，甚至会有愤怒。

消费者也会经历一个旅程，他们不仅会经历搜索、购买和使用的时空场景，还会经历注意、兴趣、欲望、信任、购买和满足的心理过程。

从某种意义上说，消费者是人性的集合。人

> **心理过程**是人的心理活动发生、发展的过程。
> 心理过程包括认识过程、情感过程与意志过程三个方面。其中，认识过程是基本的心理过程，情感过程与意志过程是在认识过程的基础上产生的。

性的本能是生存和繁衍，但因为人是社会性动物，所以又进化出更复杂的表现。为了生存，人类学会了恐惧、自私、贪婪；为了繁衍，人类变得嫉妒、虚荣、爱美。

无人性，不文案。当你的文案在合适的场景，以合适的文字内容表达出来时，就能让你的消费者产生共鸣，让他们有一种"懂我"的感觉。于是，他们就会无意识地按下大脑中的购买按钮。

2012年，淘宝网女装频道做春秋大促，联合灵狮广告推出了《衣服是最动人的语言》的广告短片，描述女性与衣服之间那些不可言说的小玄机，轻松地进入了女性的内心世界：

"萝莉范儿的小花边，渴望的不是你的保护，而是你的占有。

小清新的白色连衣裙，期待的不是山楂树，而是莽撞的古惑仔。

职场黑丝通勤装，叫喊的不是求独立，而是求肩膀。

黑色超短小礼服，不是通行的穿衣之道，而是可以不赢，但绝对不能输的虚荣心。

女人的真心话，从不挂在嘴上，只会穿在身上。

衣服，是最动人的语言。"

关于服装文案，奥美前创意总监许舜英为中

兴百货创作的系列文案，被称为"中国广告界的哈佛案例"。比如"三日不购衣便觉面目可憎，三日不购物便觉灵魂可憎""服装就是一种高明的政治，政治就是一种高明的服装"，都蕴藏着对女性消费心理的准确揣摩与把握。

谁堵住了消费者

没错，你的消费者已经在来的路上。但他们为什么还迟迟不到呢？

因为他们被堵在了路上。如果你希望消费者能够顺利到达，就需要帮助他们清扫道路，把那些影响他们行进的障碍物清理到路边。

针对不同产品的各种不同**消费者行为**及购买取向，很多心理学家都进行了相关研究。其中比较有名的有刺激—反应模式、霍华德—谢思模式、维布雷宁模式、霍金斯消费者心理与行为模式等。

消费者的购买行为，通常受刺激因素、外在因素、内在因素和产出因素等的影响。2016年，李靖在他的"14天改变计划"线上课中，根据霍华德等人的理论，总结了一个简洁的PMO框架模型，把影响消费者决策的力量归结为3种。

1. 听自己的

主要是消费者过去的一些偏好、习惯、观念、

> **消费者行为**是消费者为索取、使用、处置消费物品所采取的各种行动及先于并决定这些行动的决策过程。
>
> 所谓消费者行为研究，就是研究不同消费者的各种消费心理和消费行为，以及分析影响消费心理和消费行为的各种因素，揭示消费行为的变化规律。

功能固着是指人们把某种功能赋予某种物体的倾向，往往只看到某事物的通常功能，而看不到它其他方面可能有的功能。

功能固着的产生原因，包括心理因素和行为习惯两个方面。

成见、**功能固着**等。

在购买决策的重要性低，消费者有明显的感官偏好，以及别人的经验不可靠的时候，消费者更多会选择听自己的。

2. 听品牌的

主要是营销的力量，比如品牌形象、广告、明星代言、原产地、价格标签等。

在购买决策不重要，消费者偏好不明确，第三方参考价值低，消费者有产品以外的购买动机时，他们就很容易受到品牌方的营销影响。

3. 听别人的

主要是第三方力量，比如口碑、好友推荐、第三方评测、新闻等。

目前，第三方的力量正在变大。

营销大师菲利普·科特勒也指出，今天人们的消费观更加依赖"F因素"，即朋友（Friend）、粉丝（Fans）和关注者（Followers），对过度的营销宣传和所谓的专家建议却持排斥态度。

比如滴滴出行的"四个小伙伴，三个用滴滴"，就利用了消费者的群体感，告诉消费者你的小伙伴都用滴滴出行了，你放心使用就是了。

2021年底，五菱请周迅担任全球品牌代言人，并发布了以"越驱动，越生动"为主题的一系列广告。

在其中的一个视频广告中，周迅说："跟爸

爸说我代言五菱，爸爸就说，嗯，非常好。"看似自然随意的一说，其实是精心设计的策略，很容易影响消费者的情感。

我个人最喜欢的还是这次五菱的"以人民的需求为驱动，创造美好"的品牌文案：

"往哪儿走都是往前走，我们总是在往前，一刻不停。

有时无意间迷路，也会因为风景的吸引故意绕远；又或者偶尔回到原点，重新出发。但只要心中有了想去的地方，就会有一种力量驱动我们，去发现有趣的事儿。看到生命里最珍贵的东西，从理想出发，享受生活的曲折和闪光。

从不独行，这就是我们的力量。请允许我们在意更多人，从这里到无论哪里，为美好理想而驱动，稳稳向前。

往哪儿走，都是往前走。

越驱动，越生动。"

五菱的这则文案，灵逸生动，再配合周迅独特的嗓音缓缓念出来，更是别有一番韵味，轻轻地拨动了消费者的心弦。

本章扩展阅读

[1] 田银，徐鹏. 脑电与认知神经科学[M]. 北京：科学出版社，2020.

[2] 利昂·希夫曼，乔·维森布利特. 消费者行为学[M]. 江林，张恩忠，等，译. 北京：中国人民大学出版社，2021.

[3] Yael Zemack-Rugar, Sarah G.Moore. Just do it! Why committed consumers react negatively to assertive ads[J]. Journal of Consumer Psychology, 2017.

[4] 魏知超，王晓微. 进击的心智[M]. 北京：机械工业出版社，2020.

[5] 澳大利亚新哲人编辑部. 新哲人 03：买，还是不买[M]. 张小丽，译. 北京：中信出版社，2021.

[6] 丹尼尔·内特尔. 幸福：追求比得到更快乐[M]. 秦尊璐，译. 北京：中信出版社，2020.

[7] 罗伯特·赖特. 洞见[M]. 宋伟，译. 北京：北京联合出版公司，2020.

[8] 安东尼奥·达马西奥. 笛卡儿的错误[M]. 殷云露，译. 北京：北京联合出版公司，2018.

[9] 菲利普·科特勒. 营销革命 4.0：从传统到数字[M]. 王赛，译. 北京：机械工业出版社，2018.

第 4 章

从产品到客户

在销售领域，98%的知识是理解人的心理和行为的知识，2%的知识是产品知识。

——乔·坎多尔弗，寿险推销大王

我们不去定义我们的产品，但我们可以定义我们的消费者。

——唐纳德·肯德尔，百事可乐原CEO

很多初生的创业者，羡慕着前人的成功，复制着他人的模式——产品相同，名称相同，广告词雷同，价格不相上下，渠道不分你我。一窝蜂的结果是，你有我有大家有，你"死"我"死"大家"死"。

——王传福，比亚迪创始人、董事长

你知道褪黑素吗？

很多人不知道。但说到脑白金及其创始人史玉柱，相信不知道的人就很少了。

脑白金自1997年上市以来，连续16年荣获保健品单品销量第1，年销量高达上亿瓶。而其"今年过节不收礼，收礼只收脑白金"的文案可以说家喻户晓。

脑白金的主要成分是褪黑素。它是大脑**松果体**中产生的一种激素，最早由耶鲁大学皮肤科教授亚伦·B.勒纳于1958年发现并命名。褪黑素通常在白天分泌较少，夜间分泌较多，可以诱导人体自然睡眠，掌管着人们的睡眠规律。随着年龄增长，人体内褪黑素的分泌量会逐渐减少，因此老年人更容易受睡眠问题困扰。

显然，老年人是脑白金的目标客户，但脑白金推出初期，试销的情况并不是很好。

在《史玉柱自述：我的营销心得》一书中，

松果体是人的大脑中的一个内分泌小腺体，位于间脑和丘脑之间。因为它的外形像松果，所以被称为松果体。

松果体能够起到调节人们的神经分泌及生殖系统的作用，能够明显地影响人们的情绪。

史玉柱讲他亲自带队到江苏省江阴市进行市场调研，那个城市已经在销售脑白金了。他有事没事就在小区、公园里转悠，看到老头老太太，就热情地上前交谈。

调研得到的最终结果是：千万不能把脑白金当作保健品来卖。原因很简单，年轻人不感兴趣，老年人舍不得花钱。史玉柱在调研中还发现，虽然老年人自己舍不得花钱，但是希望他们的子女给他们买。

于是，史玉柱给脑白金设计的定位是送礼。史玉柱认为要卖脑白金，向老头老太太说没用，要跟他们的子女说。然后就有了那句载入中国营销史册的文案："今年过节不收礼，收礼只收脑白金"。

按照中国的传统文化，给老人送礼就是讲孝道，那就"今年孝敬咱爸妈""孝敬爸妈脑白金"。

4.1　找到你的产品 A 点

在脑白金广告打了好几年后，有一次过年，史玉柱去中安联商场观察消费者买礼品的情况。很多人回家过年要给家里人买礼物，他们在商场里挑来挑去，最后有人拿起脑白金并购买。史玉柱就上前跟他聊天，这个客户说："过年买礼品挺难的，挑不出一个特别好的东西，脑白金的广告很烦，但真的挑起来，好像就它的知名度高一点，然后我就买了。"

其实，这代表了很多脑白金消费者的购买心态。

客户视角

一个客户购买你的产品，他可能是最终使用者，也可能只是购买者。

比如，对于一个女性来说，她要的不是面霜，也不是面膜，而是一张水嫩的脸。而对于一个家长来说，他要的不是一堆参考书，也不是专业的培训辅导班，而是要让孩子提分。

现代营销学的奠基人之一，哈佛商学院教授西奥多·莱维特就曾说过："客户不是想买一个1/4英寸的钻孔机，而是想在墙上打一个1/4英寸的孔！"

从产品到客户，中间连接的是客户需求。这就意味着你要和客户站在一起，以客户的视角来看世界。你在写文案之前，要搞清楚是写给谁看的，他有什么需求，他遇到了什么问题，你的产品能够帮他解决什么问题。

来看下面两组小碗红糖产品文案。

A：来自高原河谷坡地的优质甘蔗，传承 300 年工艺，5 口连环锅，18 道工序，明火手工熬制的好红糖，入口清甜，沙软绵密。具有很好的滋补气血、活血化瘀、美容护肤、暖宫等功效。

B：来自高原河谷坡地的优质甘蔗，传承 300 年工艺，5 口连环锅，18 道工序，明火手工熬制的好红糖，入口清甜，沙软绵密。

看了这两组文案，面对相同的小碗红糖，你会买哪一个呢？

和文案 B 相比，文案 A 使用了推销模式中的**费比法则**，介绍了产品对消费者有什么好处，因此更能打动客户。

但为什么我们看到的很多文案，内容空洞，让人费解，甚至与客户无关呢？其主要原因就是这些文案采用的是自我视角，而不是客户视角，最终成为"自嗨"。

因为客户视角是反直觉的。在我们大脑的快思和慢想两个系统中，客户视角明显属于后者，换位思考是高耗能的行为。

客户不关心你的产品，也不关心你的产品有什么功能。他关心的是，你的产品能为他带来什么。因此，文案必须从自我视角切换为客户视角，从"你的产品能做什么"切换为"客户可以用你

费比法则，即 FABE 法则，是台湾中兴大学商学院院长郭昆漠先生总结并推荐的推销法则。
Feature（特征），是指产品的材质、特性；Advantage（优点），是指产品的优势及功能；Benefit（利益），是指产品优势带给客户的好处；Evidence（证据），包括技术报告、客户证言等，可以帮助产品赢得客户的信任。

的产品做什么"。

以王老吉来说，如果它的文案是"上火，喝王老吉"，那它就只是一款下火的药引而已。事实也是如此，王老吉之前以凉茶药品的身份在广东销售了很多年，年销售额最高也就是 1 亿元左右。

2000 年，鸿道集团为王老吉量身定制了"怕上火，喝王老吉"的文案，让王老吉一下子风靡大江南北，帮助王老吉迅速突破瓶颈，实现年销售额 400 多亿元的惊人业绩，一度超过饮料巨头可口可乐。

这个文案的妙处，就在于一个"怕"字。这个"怕"字，直击消费者痛点，把一款下火的药引变为一款能解决"怕上火"的功能性饮料。王老吉的客户群体一下子变大，消费频次提高，王老吉成为全国人民的刚需产品。

两个 A 点

所有的营销，都是一个从 A 到 B 的过程。

文案也一样。所有的文案，都是为了把客户从 A 点带到 B 点。希望他们看了文案后，能够产生心动的感觉。

我们说消费是一个旅程，如果你不切换到客户视角，你所理解的 A 点和客户真实的 A 点，就是完全不同的两个点。李靖在《破解消费者需求密码》中，用如下的分析图很好地阐释了这两种视角的差异。

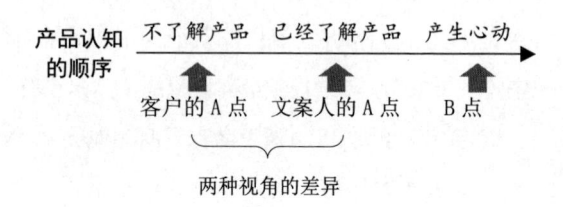

产品认知的顺序：不了解产品（客户的 A 点）→ 已经了解产品（文案人的 A 点）→ 产生心动（B 点）

两种视角的差异

A 点是客户看到你的文案之前的状态，B 点是客户看到你的文案之后的状态。用 B 减去 A，就是你的文案能对客户产生的效果。

但由于"知识的诅咒"，以及从自我视角出发，大多数的文案，往往会把自己的产品 A 点，错误地当作客户的产品 A 点。

比如很多毕业生在求职时，附件中简历的命名通常是"简历.pdf"。这对自己来说是很合理的，因为他电脑中的文件不是"简历""身份证"就是"毕业论文"。

但对接收简历的人来说，这却是不合理的，如果他收到的附件都叫"简历"，他需要花大量时间分类和重新命名。对于他来说，命名方式最好是：求职岗位-姓名-毕业学校。

要让你的产品顺利触达客户，你需要找到对于当前的客户来说，你的产品的真实 A 点。不然，你很有可能有了一个好的创意，但无法形成一个好的文案。

2011年，赶集网和58同城两家信息分类网站在央视等媒体上掀起了广告文案大战。在赶集网的电视广告中，姚晨骑着毛驴，文案是：

"赶集网，找文员，找销售；
找完工作找房子，二手房，出租房；
还有比赶集网更大的吗？
手机下载客户端，啥都有。"

同样，58同城聘请了杨幂代言，文案则是这样的：

"招聘应聘，入职快；
租房买房，入住快；
生活服务，上门快；
二手买卖，成交快；
58同城，一个神奇的网站。"

对比这两家网站的文案，语言都是大白话，同样简洁朴实，你觉得哪家的文案更好呢？

大战后的结果是，58同城不断蚕食赶集网的市场份额，最终在2015年收购了赶集网。

不讨论公司的经营管理，单从文案的角度来看，赶集网的这组文案是失败的，更多的是站在公司的视角自说自话，觉得自己分类齐全，内容丰富，但其实这是非常主观的。而58同城的文案，则更多考虑到客户的感受，用 4 个"快"字突出了网站特点，那就是快捷和高效。

4.2 第 11 名的产品没人买

简单的文案背后，其实是复杂的布局。除了语言的构思与组织，产品的策略与分析，还要有对客户心理的识别，这样才能最大限度地降低你的传播成本和客户的理解成本。

美国的《新闻与世界报道》杂志，每年都要对美国的大学及其院系进行排名，然后发布一份美国大学排行榜，这个排行榜在美国有很高的知名度。

西雅图大学的马修·S. 艾萨克和罗伯特·M. 申德勒针对至少有一次进入美国大学商学院排行榜前 50 名的商学院开展了追踪调查。结果显示，各商学院在排行榜上的排名变化及排名趋势并不会影响申请该学院的学生人数。但是，如果一所商学院的排名进入了前 5 名、前 10 名，前 15 名……申请它的学生就很可能增多。

圆整数

不知道你有没有这样的生活经验？当你要安

排一场重要的饭局时,你会格外关注餐厅排行榜中那些前5名、前10名的餐厅。

同样,当一名学生的成绩在前10名内上下浮动时,大家可能并不在意。但当一名学生的成绩从第10名不慎跌至第11名,或者从第11名一跃进入前10名时,就很容易引起老师和家长们的注意。

为何5和10这种数字拥有特殊魔力,而同样实力不凡的第6名、第11名却遭受冷落呢?

在华东师范大学心理学教授陆静怡的《消费者的决策》一书中,她指出第11名之所以遭受冷落,是因为人们使用圆整数进行分类,将前5名、前10名作为一个整体,因此就会觉得第11名和第10名差距很大。

人类的大脑没有计算机那样强大的计算能力,处理复杂数组的能力有限。为了能够用有限的加工能力直观地掌握复杂的信息,大脑自动将复杂的数组重新编码成更小、更容易管理的类别。无论大人还是小孩,都会给数字进行分类,比如整数和小数、奇数和偶数、正数和负数等。

而作为圆整数,它们可以是5的倍数,比如5、15、25,也可以是10的倍数,比如10、20、30。

对于人们来说,圆整数分类具有较高的**认知易得性**。比如面对一个即将到来的假期,你是希望自己可以读5本书还是6本书,是看10部电影

认知易得性,是指人们往往根据认知上的易得性来

判断事件的可能性。这种现象也叫易得性偏差,是启发式偏差的一种。比如投资者在决策过程中,过于看重自己知道的或容易得到的信息,而忽视其他信息,从而造成判断的偏差。

米勒定律,也叫神奇的 7±2 法则。它指出,普通人只能在工作记忆(即短期记忆)中保持 7(±2)项信息。

还是 11 部电影呢?

神奇数字 7

在我们的生活中,除了特别的圆整数,还有一个神奇数字 7。

公元 321 年 3 月 7 日,古罗马皇帝君士坦丁正式宣布了每周 7 天的制度,并沿用至今。以一周 7 天的英文名来说,虽然经历了不同的变化,但仍然有唯一的共同点,都是"神"的名字。

7 这个数字经常出现。比如,天上有北斗 7 星,地球有 7 大洲,人有 7 窍,神话中有 7 仙女,童话故事里有 7 个葫芦娃。佛教对 7 也情有独钟,佛经中有 7 佛、7 情、7 苦等,佛家常说"救人一命,胜造 7 级浮屠"。

这是巧合,还是有神秘原因呢?

1956 年,心理学家乔治·米勒在《心理学评论》上发表了他最著名的论文《神奇数字 7±2:我们信息加工能力的局限》。米勒指出,人的大脑无法一次容纳约 7 个以上的项目,人的记忆组块最多是 9,一般是 5。从短时记忆到长时记忆,记忆组块的数量会依次递减。这就是**米勒定律**。他发现,人的短时记忆容量大约是 7 个单位,他称之为组块。组块不是一个明确的容量单位,而是根据相关特质把内容分成几组。

1960年，斯伯林做了一项关于**感觉记忆**的实验，要求被试尽可能多地报告短暂呈现的字母或数字。结果显示，采用全部报告法，被试一般能正确报告4个左右，而采用部分报告法，测得感觉记忆的容量大约是9个。

在统计学中，强度量变上可以区分的类别数最大值也是7。如果超过这样的类别数，我们就会开始犯错。

你可以注意一下，你自己在写字或记录电话号码的时候，一般能记几个。

一般是3到7个，对不对？

人的大脑容量是有限的，东西越多越记不住。有的人能记住9个，但也有人只能记住5个，通常容易记住3个，最容易记住的当然是1个。

因此，在你写产品文案的时候，子标题尽量控制在7个字以内，要让客户记住你的产品属性，就尽量别超过7个字。如果某些概念远远超过7个字，你就得把它们归类，提炼出7个以内的大项，这样客户才能记得住。

感觉记忆，也称瞬时记忆、感觉贮存或感觉登记，是记忆系统在对外界信息进行进一步加工之前的暂时登记，是记忆系统的开始阶段。

感觉记忆保存时间短暂，但有较大容量，其中大部分信息因为来不及加工会迅速消退，只有一部分信息由于被注意到而得到进一步加工并进入短时记忆。

定位理论

和主动归类一样，当信息过多时，大脑就会将其归到不同的类别中，以便记忆。不过，大脑的归类并非单纯的信息分类，而是基于逻辑关系分类的。

以产品来说,我们通常用商标来识别产品。目前,中国商标注册分为化学制剂、颜料、日化等 45 个大类,约 502 个小类。

在客户的心中,产品也有类别。而客户在购买决策中所涉及的最后一级产品分类,就被称为品类。形象地说,品类就是客户心中储存不同类别信息的"小格子"。

1969 年,艾·里斯与杰克·特劳特提出了定位理论,先后出版了《定位》《视角锤》《品牌的起源》等一系列专著,定位成为影响营销行业的最重要的概念之一。定位理论指出,商业竞争的终极战场是潜在客户心智。所谓定位,就是让你的品牌在客户的**心智阶梯**中占据最有利的位置,使品牌成为某个品类的代表。

天图资本创始人冯卫东总结过心智的 7 大模式,分别是心智容量有限、厌恶混乱、分类处理、抗拒改变、寻求安全、寻求差异和倚重反馈。

品类是客户购买某种产品的单一利益点,比如洗发水、护肤品、洗衣液等。而随着产品的丰富和同质化的竞争,品类就会分化。以洗发水来说,如今分化出去屑、柔顺、滋养、修复等多个品类。

人们是有认知偏差的,一旦他们在心里将产品进行分类,他们就会认为不同类别的产品之间

心智阶梯是《定位》中提出的心理学概念。客户心中有一个梯子,市场领导者在最顶层,第 2 名在第 2 层,第 3 名在第 3 层。梯子层数各异,3 层最为常见,7 层为最高层。

定位理论认为,成为第 1 是进入心智的捷径。在一个品类中,随着竞争加剧,最终可能会出现二元争霸格局。

的差异比同类别产品之间的差异更大。就像在圆整数中，人们将排行榜分类之后，就会在心里放大不同类别产品之间的差异。

以圆整数来看，第 11 名的产品不好卖。而以品类来看，你的产品如果进不了前 2 名，那么你的公司和品牌都会很难过。

对于客户来说，你的产品一定要具备较高的认知易得性。只有这样，客户才能比较容易地从他的记忆中调取出来。

比如 2002 年，在国内多家运营商大打价格战时，中国移动调整了自己的定位，把自己定位为专家，推出了全球通、神州行、动感地带等产品。其"中国移动，移动通信专家"的文案成为经典，至今还有很多公司效仿。

如果你做不了第 1 名，那做第 2 名也不错，与第 1 名形成强关联，这样在客户记住第 1 名的同时，还能记住第 2 名。

比如 1962 年，美国租车公司安飞士总是无法超过业内第 1 名的赫兹公司，还一直赔钱。DDB 公司创始人、广告大师威廉·伯恩巴克为其进行了营销策划，并创作了经典文案："我们第 2，所以我们更努力"。结果第二年，安飞士就盈利了。

对于消费者来说，为什么你是第 2，我还要租你的车，我为什么不租第 1 的车呢？安飞士的文案给出了理由：因为我们更努力。

郎酒也采用了类似的策略，它在央视等媒体上打出了"青花郎，中国两大酱香白酒之一"的广告，同样实现了增长。

郎酒的文案是这样的：

"云贵高原和四川盆地接壤的赤水河畔，诞生了中国两大酱香白酒，其中一个是青花郎。

青花郎，中国两大酱香白酒之一。"

有人说，郎酒在"蹭"茅台。其实不然，这是郎酒的自信。

4.3　为什么新版的产品更好卖

2021年9月14日，苹果以线上方式召开了2021年秋季新品发布会，苹果CEO库克兴奋地向全球观众介绍苹果的4款新产品。

最受"果粉"们关注的非iPhone13这款新机莫属。iPhone13搭载了A15处理器，这是苹果当时最先进的仿生芯片。与iPhone12相比，iPhone13的性能更强，并且提供很多全新的玩法，比如在后置镜头加入了视频人像模式，能拍出堪称电影效果的视频，电池容量也变大了，续航能力得到了加强。

iPhone13 系列机型受到了市场的追捧，其出货量超出预期，仅用一个季度就实现了 8 550 万台的总销量，比其他很多手机厂商一年的销量还要高。在这些大手一挥，或咬牙含泪购买 iPhone13 的消费者中，除了那些对手中的旧手机不满已久的人，竟然还有很多入手 iPhone12 还不满一年的"果粉"。

比较忽略

是 iPhone12 不好用了吗？当然不是。即使是更早发布的 iPhone11，其处理器依然很先进，可以升级至最新的操作系统，也不会因为长时间使用而出现卡顿，足以满足日常使用需求。

既然手上的手机很好用，为什么还是有如此多的消费者购买最新款的 iPhone 呢？2016 年的《市场研究》期刊刊载了一篇来自佛罗里达大学和华盛顿大学的阿内尔·塞拉及罗宾·A. 勒伯夫两位教授的论文，他们对 1 000 多名智能手机消费者进行研究，发现当人们的选择中有一项明显是当前某物的升级版的时候，消费者的理性就会消失。

塞拉和勒伯夫把这种现象叫作比较忽略，就是说人们往往会在没有充分评估他们手头现有产品的情况下，就喜欢上升级版的产品。

听起来，比较忽略是很反常理的。陆静怡在她的《消费者的决策》一书中也分析道：这就好像消费者在"现有产品"的道路上行驶得好好的，有一只看不见的手却在出现"升级选项"的岔路口猛然扳动了道岔，于是消费者匆匆驶向了后者。他们甚至都没有认真看一看，比一比，思考这两条道路究竟有什么区别。

一直以来的研究都表明，消费者在做决定时往往会依赖于比较。但当现实真正来临的那一刻，他们并没有像我们想的那样做，他们很容易受到营销的影响。

塞拉和勒伯夫认为，消费者想要克服比较忽略是非常困难的，对此，产品背后的公司，应该承担一定的道德责任。

但这怎么可能呢？很多公司实现盈利的主要来源之一，不就是那些客户为不必要的产品升级而付出的成本吗？

毫无疑问，无论手机，还是酒店房间、数码产品、家用电器、汽车等，最新版的产品往往更好卖。在公司不断进行研发升级的同时，文案也要尽力找出并放大新产品功能和特性上的差异，并向客户强调升级的概念，让他们忘记自己已经拥有的很好用的产品，心甘情愿地立即订购你推荐的最新版的产品。

独特的产品主张

当然，比较忽略并不是万能的。

塞拉和勒伯夫指出，只有客户面对的选项是自己现有产品的升级版时，比较忽略才会产生。如果客户仅仅是在某个产品和一个"比这一产品更好的产品"中做出选择，比较忽略就不会产生。

这其实和消费者的**习惯性购买**很相似，因为他们的大脑对现有产品已经很熟悉，解决了最基本的产品信任问题。

如果你的产品是一个刚进入目标客户市场的新产品，那应该怎么办呢？

20世纪50年代初，罗瑟·瑞夫斯在他的《实效的广告》一书中，提出了USP理论。这位获得"杰出文案家"荣誉的广告大师通过研究发现，好的广告都有一个独特的销售主张（Unique Selling Proposition），这才是打动消费者的关键。

USP理论有3个特点。

（1）**必须包含特定的产品效用**，要对消费者提出一个说辞，给予一个明确的利益承诺；

（2）**必须是唯一的、独特的**，是其他同类竞争产品不具有或没有宣传过的说辞；

（3）**必须有利于促进销售**，说辞一定要强有

> **习惯性购买**是指客户并未深入收集和评估信息，只是习惯于购买自己熟悉的产品，在购买后可能评价也可能不评价产品。
>
> 研究表明，习惯性购买并不是因为客户偏爱某一品牌，而是出于习惯。这种动机的心理活动相对稳定，客户表现为对某种商品和服务经常地购买和使用。

力，能吸引成千上万的消费者。

当年，美国玛氏公司开发的M&M's巧克力豆无法打开销路，瑞夫斯发现这款巧克力豆有个独特之处，就是外层用糖衣包裹。基于此，瑞夫斯提出了"只溶在口，不溶在手"的文案。

在电视台播放的广告片中，出现两只手，一只脏手，一只干净的手，旁白是："现在猜猜M&M's巧克力豆在哪只手？"广告播出后，M&M's巧克力豆销量大涨，风靡一时，"只溶在口，不溶在手"也成为经典文案。

说到甲壳虫汽车，你也许听说过它那则经典的文案"想想小的好处"吧。

这是伯恩巴克为大众汽车进入美国市场所创作的系列广告之一。其文案是这样写的：

"我们的小车并不标新立异。

许多从学院出来的家伙并不屑于屈身于它；

加油站的小伙子也不会问它的油箱在哪里；

没有人注意它，甚至没人看它一眼。

其实，驾驶过它的人并不这样认为。

因为它耗油低，

不需要防冻剂，

能够用一套轮胎跑完40 000英里的路。

这就是为什么你一旦用上我们的产品就对它爱不释手的原因。

当你挤进一个狭小的停车场时，
当你更换你那笔少量的保险金时，
当你支付那一小笔修理费时，
或者当你用你的旧大众换一辆新大众时，
请想想小的好处。"

伯恩巴克提出了广告创意 ROI（Relerance、Originality、Impact，相关性、原创性、震撼性）理论，主张广告信息要单纯化、清晰化、戏剧化，使它在消费者脑海里留下深刻且难以磨灭的**记忆**。

在伯恩巴克病逝前，有人问他未来广告的变化会是什么，他回答说："十亿年来，人类的本性从没有改变过，再过十亿年，也一样。只有表面的东西会改变……一个传播人应注意不变的人性……创作人员若能洞察人类的本性，以艺术的手法去感动人，他便能成功。否则，他一定会失败。"

有人说，文案就是要玩转心理学。没错，文案就是一场你和客户之间的心理暗战。

在客户没有触及你的产品之前，他只有被你的文案触动，才有机会体验产品的好与坏。要想顺利实现产品的销售，你需要发现产品独一无二的好处和效用，并有效地转化成独特的利益承诺和购买理由，从而诱导潜在客户，影响他的购买决策。

叶茂中说过："如果我们只有一颗子弹，它

> **记忆**是人脑对经历的事物的识记、保持、再现或再认，它是思维、想象等高级心理活动的基础。人类记忆与大脑海马结构、大脑内部的化学成分变化有关。
> 研究者把记忆分为外显记忆和内隐记忆两类。外显记忆是指可以意识到的过往经历。内隐记忆包括我们的运动能力、行为习惯等，我们对此没有意识，但又确实是因过往经历的影响而产生的。

只能消灭一个敌人,那就要让这颗子弹打进敌人的火药库,炸他个人仰马翻。"

如果文案是一颗子弹,那么最正确的做法,就是击中客户大脑中的"火药库",引爆他们的情绪、情感、思维和行为。

4.4　让客户听懂你的语言

你去过西双版纳吗?

那里有神秘的热带雨林、婀娜多姿的孔雀、悠闲自在的亚洲野象、古朴原始的傣族村寨,还有柔情似水的傣家姑娘。

1991年,《新闻调查》栏目制片人张洁还是一个年轻的编导。他来到了西双版纳,与当时还在当地电视台工作的西双版纳原州长罗红江合作拍摄纪录片《水与火的民族》。

拍摄过程中,傣族文化,特别是傣族女性的温柔、美丽给张洁留下了深刻印象。他真的爱上了一位傣家姑娘。然而,因为自己听不懂傣话,傣家姑娘的汉语水平又有限,交流上的障碍使得这段美好的感情没能发展下去,像大部分的青春故事一样没有结果。

离开西双版纳时,张洁对罗红江说:"我真

想听懂你们的语言，进入你们的世界。"

于是，一首经典的歌曲《让我听懂你的语言》便诞生了。歌中唱道："哎，西双版纳，水一样的傣家姑娘，傣家姑娘，让我踏上竹楼的台阶，让我走近你的面前，让我听懂你的语言，让我融进你的世界"。

这首由罗红江作词、刀洪勇作曲的歌曲，被演绎了多个不同的版本，很多明星都唱过。这首歌唱红了西双版纳，感动了无数去云南旅游的游客，以及那些向往云南的人们。

概念先行

对于正在旅游大开发中的西双版纳，《让我听懂你的语言》无疑是最好的推广文案。用这样感人、优美的歌声来欢迎四方来客，再合适不过了。

是啊，如果你都听不懂傣家的语言，又怎能踏上竹楼台阶，与当地人成为朋友呢？

对于你的产品来说，也是如此。从生产车间到销售货架，你首先得让客户听懂你的语言，你传递的概念必须清晰，让客户更容易理解。

从产品的技术、工艺、功能、品质等各个方面提炼客户购买的理由（利益或价值），是文案的一项基本工作。这也就是常说的产品概念，它也许是一句广告语,一个说辞,也可能是文案中的一部分文字解释。

就像用歌曲宣传城市一样,你需要把那些晦涩的产品概念,转换为容易被客户接受的差异化的概念,并准确地以一种丰满有力的形式传达给他们,才能让他们关注、接受和认可。

如果你经常用小红书,你会发现那些流行的化妆品都拥有十分形象、可爱的昵称。比如SK-II的"小灯泡"和雅诗兰黛的"小棕瓶",这些昵称朗朗上口,容易记忆,且充满画面感。

2000年,别克GL8在国内上市,这是第一辆真正国产的MPV(多用途汽车),宽敞的空间、豪华的内饰、极高的舒适性、轿车般的驾乘感受,开创了国内高端豪华MPV的先河。上汽通用为GL8设计了一个非常形象的文案:"陆上公务舱"。

GL8没有解释MPV是什么,也没有说它有什么卖点,只是告诉人们,GL8就像飞机上的公务舱一样,能带来舒适的商旅享受。

从产品到客户,概念先行。即便到今天,可能很多人都不知道MPV是什么。然而"陆上公务舱"这个概念一下子就让人们明白GL8的作用。而且它的目标客户也很精准,就是那些经常在天上"飞来飞去"的商务人士。

文案大师约瑟夫·休格曼在他的《文案训练手册》中这样说:"永远不要销售产品或服务,

而是应该销售一个**概念**。"

如何创造一个新的产品概念，让它可以被客户接受并流行呢？

享誉全球的脑科学家大卫·伊格曼研究了人类创新的历史，在《飞奔的物种》中，他和安东尼·布兰德指出，创新的具体手段可以用"3B 法则"来概括。

1. 变形（Bending）

通过改变旧素材的形态，把旧的变成新的。

2. 拆解（Breaking）

通过把旧素材拆解成碎片，使碎片或碎片的组合成为一个新事物。

3. 混合（Blending）

通过把不同来源的旧素材混合在一起，形成一个新事物。

2010 年，留美博士潘锦功回国创业，做的是碲化镉薄膜太阳能电池，具体说就是在两块普通玻璃之间，均匀涂抹一层 4 微米厚的碲化镉光电薄膜，再使用耐热耐寒的透明 PVP 玻璃夹层膜进行封装。这样，一块普通玻璃摇身一变（通过吸收太阳光），成为既能导电又能发电的半导体材料。刚开始推广这种太阳能电池时，投资商和客户都听得一头雾水，之后，潘锦功给它起了个名字，叫"发电玻璃"，大家就明白了。

2021 年我坐动车从昆明去大理时，看到一个

> **概念**是思维的一种基本形式，反映客观事物的一般的、本质的特征。
>
> 人类在认知过程中，把所感觉到的事物的共同特点抽出来，加以概括，就成为概念。

楼盘在车厢座椅枕巾片做的广告。文案中提到一个"大眼睛阳台"的概念，用的也是3B法则中的混合法则，把大眼睛和阳台混合在一起，构成一个关于"270°空中视野开阔大阳台"的概念，让潜在客户一看就懂。

伊格曼的3B法则，其实也就是"新旧混搭"。因为人们总是"喜新恋旧"，他们喜欢旧事物，这让他们感觉熟悉，容易理解。同时他们又喜欢新事物，这让他们觉得兴奋、惊奇。

巧用隐喻

在生活中，我们常用的汉字只有 3 500 个左右。要用有限的汉字描绘复杂抽象的产品，肯定是不够的。

但好在人类进化出语言的同时，也进化出了另一种强大的思维能力，就是**联想**。因为有了联想，人类天生就会隐喻。

1980 年，认知语言学之父乔治·莱考夫和马克·约翰逊发表了《我们赖以生存的隐喻》，指出隐喻不仅是语言中的一种修辞手法，更是一种普遍的认知方式，能增加语言的可理解度。

所谓隐喻，就是利用两者之间的某种相似性，用简单易懂的熟悉事物（源领域）来描绘复杂难懂的新事物（目标领域）。比如我们常说的"时

> **联想**是因某一事物而想起与之有关事物的思想活动。
> 心理学家巴甫洛夫认为联想就是暂时的神经联系，并用条件反射学说解释联想规律的生理机制。行为主义和新行为主义受巴甫洛夫学说的影响，以刺激—反应代替联想。

间就是金钱""知识就是力量",就是典型的隐喻。

语言学家理查兹做过一个统计,人的一生大约要使用 470 万个新隐喻,2 140 万个定型化隐喻。平均每分钟要使用 5.16 个隐喻,其中 1.08 个是新隐喻,4.08 个是定型化隐喻。

毫无疑问,隐喻是我们赖以沟通的基本方式,它直接参与了我们的认知过程。没有隐喻就没有概念,没有隐喻就没有语言,没有隐喻我们就无法正常交流。

在《我们赖以生存的隐喻》中,莱考夫提出了 3 种典型的隐喻。

1. 本体隐喻

这是一种最基本的隐喻方式,把事物、活动、情感、想法等,看成实体和物质的一种隐喻形式。

比如"知识大厦""爱情长跑"等就是本体隐喻,把知识、爱情等高度抽象的概念,隐喻为实体可见的大厦和长跑。

2. 方位隐喻

这是一种把事物、活动、情感、想法等看成某个方位的一种隐喻形式。

比如"天天向上""上善若水""位高权重"等,就使用了方位隐喻。结合起来,形成价值判断。

3. 结构隐喻

这是把一组概念结构，直接对应到另外一组概念结构的隐喻方式。

比如人们经常把争论隐喻为战争，于是在争论中我们常说："你的话非常有攻击性""你在挑战我的观点""我在捍卫自己的立场"等，通过结构隐喻，我们可以创造出很多过去没有的新概念。

想象一下，如果没有本体隐喻、方位隐喻、结构隐喻这样的隐喻，你该如何描述那些晦涩、抽象的产品概念。因此，要想让客户听懂你的语言，你的文案就要善于使用隐喻。

《隐喻营销》的作者，哈佛商学院教授杰拉尔德·萨尔特曼认为，隐喻是一种思维能力，要通过分析消费者言语里的隐喻，洞悉他们的真正需求，并在产品宣传里使用隐喻来影响他们的决策。

Jeep 汽车有一句很精彩的文案："看过世界的孩子更强大"，这是 Jeep 自由光在 2017 年的儿童节营销中推出的。

这句文案使用了隐喻，很精准地洞察了父母的内心渴望。每个父母都希望自己的孩子强大，但强大应该是由内至外的，首先得内心强大，而要想内心强大就得见多识广，充分感受世界。所以一到周末，我们就会看到很多家长开着越野车，带着他们的孩子去野外探险,去森林里,去海边,让孩子学习在课堂上学不到的知识。

而在不便长途旅游的时期,露营成为越来越多人周末休闲放松的最佳选择。洞察到这样的趋势,作为露营指南针,小红书在 2022 年 5 月顺势推出露营季活动,同时发布了系列海报。其中的"人就应该待在没有天花板的地方""露营是成年人的过家家"等文案,都使用了隐喻。很多年轻人都说,看了小红书的这组海报文案,想去露营了!

是啊,一顶帐篷,一辆汽车,甚至只需要一个睡袋,就可以让我们远离城市的喧嚣和繁杂,亲近大自然,释放压力。

4.5　做个像榨汁机一样的文案

1930 年,著名的医学博士诺曼·沃克发明了榨汁机。如今,榨汁机已经成为很多家庭厨房的标准配置了。

尤其是家里有老人和孩子的家庭,用榨汁机可以很方便地把果汁与果肉纤维分离,并过滤果渣,制作出家人喜欢喝的果汁。同时,榨汁机还能很方便地制作豆浆、蔬菜汁等。

如果文案是一种产品,你希望它像什么呢?

我觉得文案应该像一台榨汁机，在繁杂抽象的产品概念中，分离出对客户有价值的内容，并按照客户的认知喜好，创作出他们喜欢看的文案。

简洁法则

榨汁机的主要功能，就是排除果渣，制作出纯正的果汁。这个功能对应到心理学上，就是简洁法则。

1910年，心理学家、格式塔心理学创始人马克斯·韦特海默在铁路道口观察灯光时发现，好像有一束光在多个灯泡之间移动。其实不然，这只是许多灯挨个开和关所呈现出来的效果。

这就是似动现象，指人们会把客观上静止的物体看成运动的物体，或者把客观上不连续的位移看成连续的运动。比如电影就是基于似动现象成像的，这是人类迄今为止最美丽的错觉。

于是，韦特海默提出了简洁法则。他指出，为了更方便地理解这个世界，人类会将接收的大量信息进行过滤和简化。

人类有一种近乎本能的信息处理方式，就是将复杂的信息识别为更简单的形式，善于优先识别物体或画面的轮廓、外形、整体，将多个无意义的、抽象的、不熟悉的部分以某种共性互相联系起来，组成有意义的、具象的、熟悉的事物，从而大大减少大脑处理信息的压力。

剑桥大学天文物理学博士约翰·格里宾在他的《深奥的简洁》一书中也指出："即使是再复杂的事物，看起来完全随机的混乱行为，也会遵从简单的规律。"

人类天生就喜欢简洁，讨厌复杂。所以文案的一个基本原则就是要简洁。

比如瓜子二手车的"没有中间商赚差价"，BOSS直聘的"找工作，我要跟老板谈"，铂爵旅拍的"婚纱照去哪拍？想去哪拍，就去哪拍！铂爵旅拍！"这些近年来在各类视频广告中频频亮相的文案，都非常简洁。

百达翡丽作为瑞士历史悠久的独立家族制表企业，仍采用手工精饰，并坚守着钟表的传统工艺。正如其广为流传的"没有人能真正拥有百达翡丽，只不过为下一代保管而已"，文字看上去虽然多了一些，但传达的信息却是简洁的。

百达翡丽能成功，杰出的文案创意功不可没。百达翡丽没有宣传产品的精确、完美、独特、卓越与高贵，而是聚焦产品耐用、恒久与延续，最后简化为"继承"这个情感诉求。"只不过为下一代保管而已"触动的不只是客户迷恋时间、关爱后代的情结，更以朴素的语言，体现了自身产品的可信度和永久性。

席克定律

简洁法则的背后,还有一个深层次的原因,那就是人们普遍都有"选择纠结症"。

1952年,心理学家威廉·埃德蒙·席克和雷伊·海曼组成团队,开始研究刺激因素的数量与被测者对刺激因素反应时间之间的关系。如我们所想,可选的刺激因素越多,被测者决定与哪个刺激因素进行互动的决策耗时就越长。

一个人获得的选择越多,他做出决定的时间就越长。因为过多的选项将导致客户花费更多的时间去理解和选择,增加了大脑的负担。这就是席克定律,又称席克海曼定律。

人类有时也是挺奇怪的,总是想要更多的东西,但真正有更多东西时,反而又不知所措了。

宝马曾经做过一个社会实验,为同样的一个产品撰写文案,一份文案列出了整整10个优势,另一份文案只列出了1个优势,还有的文案列出2个、3个、5个优势。他们把这些文案做成广告刊登在报纸、杂志上,让人们随机阅读。

宝马最初的设想是,优势越多越好,然而结果却是1个优势的宣传广告让更多人产生了印象。而那些列出更多优势的宣传广告,却只有很少的人有印象。

就像销售人员一样，文案的一个任务，就是要优化决策效率，帮助客户做出选择。

你的文案，不论是产品文案还是销售文案，在面对同一个目标客户群体的时候，只能将一个核心优势或核心价值作为主要的推广点。你可以使用其他优势作为辅助，但一定要主次分明，让客户可以清楚地把你的产品与其需要解决的具体问题挂钩，而不是被大量同级的优势所迷惑。

心理学上有一个冯·雷斯托夫效应，也叫隔离效应和新奇效应，是 1933 年精神病学家海德维奇·冯·雷斯托夫提出的理论。雷斯托夫认为，当存在多个相似的物体时，与众不同的那个物体更容易被记住。

如果所有东西都不一样，其实就等于所有东西都一样。文案不是卖点的简单罗列，而是要像榨汁机一样，"榨"出客户喜欢的那一个价值利益点，并且放大和竞争产品的差异。

以云南白药来说，这个中药老字号在 2001 年推出了自己的创可贴产品。和邦迪不一样的是，云南白药紧紧抓住品牌中的"药"字，在创可贴的吸水垫里加上能止血消炎的白药，重新定义了创可贴。而推广文案就更直接，"云南白药创可贴，有药好得更快些"，把自己从同类产品里往上拔了一个高度。

数据显示，云南白药在创可贴领域拿下了 65%

以上的市场占有率，位列行业第一，成功逆转了创可贴市场一直被外资品牌垄断的局面。

之后的2005年，云南白药又开始进军牙膏市场，其将云南白药活性成分添加到牙膏里，聚焦消费者的牙龈出血、牙龈肿痛及口腔溃疡这三大痛点，推出"牙龈出血、口腔溃疡、牙龈肿痛，就用云南白药牙膏"的文案，把云南白药牙膏定义为一款能够解决口腔问题的功效型牙膏。

从牙齿的竞争转变为口腔的竞争，云南白药突破了高露洁、佳洁士等外资品牌的牙齿清洁及口气清新的竞争。在之后的10多年里，云南白药逐步登上了中国牙膏市场的冠军宝座。

4.6 用产品观敲开客户心门

2011年，远洋地产的天津万和城项目启动。尽管项目距达沃斯梅江会展中心仅3分钟车程，距新市政府也很近，但在当地购房者的传统观念中，这个外环线外的楼盘是比较偏远的。

在揽胜广告的策划下，远洋地产展开了"必须乐观"的创意营销。万和城的出街文案大量使用了轻松自嘲的大白话，比如"哪买还不是挨宰啊，必须乐观""明天周一，必须乐观""我辞职了,老板松了口气,必须乐观"等,向社会传递一种积极向上的人文关怀,成为无数人心中的励志口号。而所有这些大白话的下面,还有"万和城——现在特远以后特近,必须乐观"这一句随文,巧妙地介绍了项目。

对于购房者而言,万和城有巨大的潜力,它本身处于城市核心区域,"现在特远以后特近"表明,随着城市的不断发展和基础设施的不断完善,万和城所处区域将由郊区成为市区,借此缩短甚至消除购房者的心理距离。

事实也证明,万和城主张乐观的真诚态度,起到了很好的效果。不仅在天津,甚至在周边城市,其都成为人们讨论的对象,可见该文案是很成功的。

价值观

文案的起点是客户,而客户也是人。人在社会和个人生活中,总会有所好恶,有所取舍,会有一定的标准。

这也就是我们常说的价值观,它是人们在认识各种具体事物价值的基础上,形成的对事物价值的总的看法和根本观点。

俗话说:物以类聚,人以群分。人和人之间,只有三观一致,才能走到一起,否则就是"道不同不相为谋"。

人有价值观,同样,产品也有价值观。通过阐释产品的价值观,就可以吸引具有强烈价值认同的客户,一旦和他们之间建立起这种情感关联,产品的销售就变得很简单。

比如维他柠檬茶,它的产品卖点是"真茶+真柠檬",产品货真价实,于是它主打的广告语是"要来就来真的"。这就超越了产品层面,从价值走向价值观,表达了年轻人敢做敢当、率真个性、坚持自我、不妥协的生活态度,就易于赢得目标客户的共鸣。

有价值观的文案,可以让客户将对于这种价值观的认同,转化为对你的产品的认同。这利用的其实是心理学中的罗森塔尔效应,用文案的态度向客户传递一种期望,从而塑造理想的消费者。

这样的文案很多,比如蚂蚁金服的"每个认真生活的人,都值得被认真对待",豆瓣的"有人驱逐我,就有人欢迎我"等。

2019年,华为发布了新款的P30手机,其围绕产品特点,针对女性客户发布了一支"心里有话,用影像说"的广告短片和系列海报,说出了女性内心的独白。

相较于男性,女性是最容易实现共鸣的用户群体。因为她们大多具有感性思维,往往会因为一句话或者一个走心的文案就选择你的产品。

> 在心理学中,**共鸣**是指人在与自己一致的外在思想情感或其他刺激的影响下,产生情况相同、内容一致、倾向同构的心理活动。

"我眼里的好,是我喜欢就好""为自己熬的夜,不需要给别人看""最好看的腮红,是跑出来的那种""谁治好了我的公主病?我的小公主",华为 P30 的这些文案,通过对女性爱情、家庭、职业、梦想的全新价值观的表达,充分展现了女性内心柔软却又坚强的一面,打动了无数的女性客户。

锐化效应

知名广告人陈耀福说:"我坚信广告不只是卖商品或服务,也传播扣动人心的价值与美学。"

研究表明,我们的价值观对我们的**知觉**是有促进作用的。对此,心理学中有一个知觉的锐化效应,指的是我们在知觉某个事物的时候,如果在知觉之前,就对这个事物有所认识,那么在知觉这个事物时,反应的时间就会更短。

比如国内的南方和北方,在饮食习惯上有着较大的差异。南方人以米饭为主食,北方人则更喜欢各种各样的面食,并因此衍生出很多文化差异。你有没有想过,为什么会造成这种差异呢?

实际上,南米北面的现象是由南方人和北方人不同的价值观造成的。

南方气候湿热,耕地以稻谷为主。北方干冷,适合种植小麦。因为不同的地理差异,使得人们

> **知觉**是客观事物作用于感官,而在头脑中产生的对事物整体属性的反映。
>
> 知觉以感觉为基础,但它不是**感觉**信息的简单总和,因为知觉中带有相当多的主观成分,并非只是对客观事实的客观反映。

对稻谷和小麦的认知产生了差异。南方人认为稻谷的营养价值高，所以更喜欢稻谷。北方人则认为小麦的营养价值高，所以更喜欢小麦。

锐化效应可以帮助我们在最短的时间内，对某一事情做出正确的判断及合理的决定。尤其是在生活工作节奏快、社交成本巨大的今天，我们越来越容易产生知觉的锐化效应。

比如在对一个人进行知觉判断的过程中，我们几乎总是通过很少的信息来推断一个人，常常会通过一件事情就觉得这个人很善良，很有责任感。

这其实也是一种认知偏差，却给产品带来莫大的机会，让产品可以通过价值观轻松影响客户。

2017年，New Balance 在"致匠心"广告后，发布了主题为"致未来的我"的广告，邀请网络红人 Papi 酱拍摄了一个短片，其中的文案"我们都不用为了天亮去跑，跑下去，天自己会亮"，打动了无数的目标客户。

在某种意义上，这不仅仅是一个广告，更是一个追梦女孩的心路历程，那个集美貌与才华于一身的女子，这一次，更接近我们的内心。当然，这一次，New Balance 也更接近客户的内心。

2019年的金投赏商业创意奖，其中的一个金奖颁发给了添柏岚。"我走的时候，叫 Timberland，回来时，才叫踢不烂"，这个短片的文案出自胜加首席创意官马晓波之手。

"忘了从什么时候起

人们叫我踢不烂

而不是 Timberland

从那阵风开始

当我被那阵风亲吻

被月光、星光、阳光浸染

被一颗石头挑绊

然后用溪流抚平伤痕

……

在时光里

我变旧、变皱

用伤痕覆盖伤痕

每天当太阳升起

我又是全新的

我走的时候,叫 Timberland

回来时,才叫踢不烂"

添柏岚要表达的,不只是鞋子"踢不烂",更是要通过"踢不烂"的鞋子,向客户传达一种"踢不烂"的人生精神,进而赢得客户的认同。

史玉柱说,广告其实是一项投资,它在消费者大脑里面,是对消费者大脑的一项投资。这些携带着产品价值观的文案,就这样一步一步地,比较容易地敲开了客户紧闭的大门。

本章扩展阅读

[1]史玉柱. 史玉柱自述：我的营销心得[M]. 上海：文汇出版社，2017.

[2]陆静怡. 消费者的决策[M]. 上海：上海教育出版社，2017.

[3]艾·里斯，杰克·特劳特. 定位：争夺用户心智的战争[M]. 邓德隆，火华强，译. 北京：机械工业出版社，2017.

[4]冯卫东. 升级定位[M]. 北京：机械工业出版社，2020.

[5]约瑟夫·休格曼. 文案训练手册[M]. 杨紫苏，张晓丽，译. 北京：中信出版社，2015.

[6]大卫·伊格曼，安东尼·布兰德. 飞奔的物种[M]. 杨婧，译. 杭州：浙江教育出版社，2019.

[7]乔治·莱考夫，马克·约翰逊. 我们赖以生存的隐喻[M]. 何文忠，译. 杭州：浙江大学出版社，2015.

[8]杰拉尔德·萨尔特曼，林赛·萨尔特曼. 隐喻营销：洞察消费者真正需求的7大关键[M]. 鹂嘉图，译. 杭州：浙江人民出版社，2013.

[9]约翰·格里宾. 深奥的简洁[M]. 马自恒，译. 南京：江苏凤凰文艺出版社，2019.

第 5 章

文案说话

作文的秘诀无他，就是：有真意、去粉饰、少做作、勿卖弄而已。
——鲁迅，文豪、中国现代文学奠基人

"文章的规矩"：一是写该说的话。二是要说的照原样。三是令读者完全了解这句话，不掉书袋，善于用浅显的语言把道理讲清楚。
——梁启超，中国近代思想家、政治家

用最简单、明白、任何人都看得懂的文字，少用形容词，动词总是比形容词更快呈现出画面感。
——克劳德·霍普金斯，美国著名文案撰稿人双鸭山大学首届"啃了好几年弦熵核群论量子拓扑非线性凝聚态傅里叶薛定谔麦克斯韦德布罗意最后有的卖手机有的打游戏有的卖衣服有的当电工有的卖保险有的当码农很多没对象究竟是怎么一回事"研讨会。

　　你能看懂这段标语吗？

　　2018年，中山大学2004级物理基地班的同学回母校参加毕业10周年聚会，在合影时他们拉起的横幅上就写着这段超长的标语。

　　之后，这些同学手拉横幅的照片传到了网上，就被刷屏了，得到了数万网友的转发和点赞，《广州日报》等媒体还专门做了报道。

　　但如果把这段标语看作一份文案的话，它显然是不合格的。

　　首先，需要进行断句，或者加上标点符号，便于阅读和理解。比如把双引号内的79个字简单改成下面这样：

> "啃了好几年
> 弦熵核群论量子拓扑非线性凝聚态
> 傅里叶薛定谔麦克斯韦德布罗意
> 最后有的卖手机有的打游戏有的卖衣服有的当电工有的卖保险有的当码农很多没对象
> 究竟是怎么一回事"

这是不是就容易理解多了呢?

其次,少用高深词语和生僻文字。它们只会阻挡人们继续往下阅读的意愿,并让人感觉文案的写作者有卖弄**语义丰富**的嫌疑。

在问题解决的脑机制中,问题分为语义丰富的问题和语义贫乏的问题。

所谓**语义丰富**,就是解题者对所要解决的问题要具有很多相关知识。

对于客户来说,他们往往是语义贫乏的,他们对你的产品和所属领域缺乏相关认知。

5.1 人们是怎么说话的

其实,中山大学这些同学在聚会合影时拉的横幅还有另外一块,上面写的是"中山大学2004级物理基地班毕业十周年聚会"。

和这个标语相比,前面那段超长标语就属于典型的不好好说话的标语了。

生活中这样的例子很多,比如这个场景——

女儿:妈,我的那条破洞牛仔裤呢?

妈妈:你的裤子在哪儿,你自己不知道?

女儿:我找不到了,你看到过吗?

妈妈：你都找不到，我能找到吗？

女儿：难道我的裤子，还能自己长脚跑了？

妈妈：你这是在怪我？自己的裤子找不到怪我？……

可以想到，这对母女最后肯定是要吵架了。

再看另外一个场景——

一个员工走进经理的办公室，她说：

"领导，这几天各地航班很紧张，都没有票。我查看了各地车票，发现高铁最合适。"

如果你是这个经理，手头正忙着一堆事，你会觉得她的这个汇报怎么样呢？

词汇与表达

对于第一个场景，如果女儿这样说：

"妈，请帮我找下牛仔裤。"

那这对母女估计就不会吵架了。

而第二个场景，经理通常是不满意的，他即便不表现出来，但心里肯定在说：你绕什么绕，直接告诉我结果不就好了吗。

所以作为员工，你的汇报应该是这样的：

"领导，坐高铁。"

开门见山，直接说出你的建议。如果领导还有疑问，你再解释航班紧张买不到票，以及你查看了各地车票等这些事情。

说话本来是世界上最简单的事，只要动嘴就行。但为什么很多时候，我们却说不好话呢？

达尔文在写《物种起源》时，曾思考人类是如何学会说话的。他认为，人类语言可能起源于鸟鸣，"鸟类发声在好几个方面为人类语言的发展提供了最近似的类比"。

后来的很多语言学家认为，达尔文的推测可能是正确的。他们的研究表明，除了鸟类的鸟鸣声，其他动物还存在一种更为实用、包含更多信息的表达方式。于是他们提出，人类语言或许是由这两种已经存在的系统组合进化而来的。

麻省理工学院语言学教授宫川茂在其近年来的研究中，提出了语言的"集成假说"，认为人类的语言具有一个共同的底层语法，也就是由表达层和词汇层集成的语言层次结构。

1. 表达层

主要涉及句子组织的可变化性。比如鸟类歌唱，就类似于人类语言的表达层。

2. 词汇层

这与句子的核心内容有关。比如蜜蜂在交流时来回摇摆，或者灵长目动物简短的语音信息，都类似于词汇层。

就像一首歌曲，除了曲调，还有歌词。不同的曲调，以及不同的歌词，表达出来的意思是完

所谓**类比**，就是以两个对象的某些相同或相似的性质，推断它们在其他性质上也有可能相同或相似的一种推理形式。

在心理学上，类比指的是一种维持了被表征物的主要知觉特征的知识表征。

全不同的。

文案也一样。好的文案,要围绕表达层与词汇层下功夫。

客户用语和销售用语

营销及销售行为专家孙路弘曾分享过一个真实的案例。

家用电脑刚进入中国时,他在一家电脑公司为售后电话服务提供指导。有一次,一位客户打来电话,说他上不了网了,问这是什么情况。客服按照流程问客户:"猫"正常吗?接着又让客户找"我的电脑"。但对方根本不明白这两个术语,结果导致整个沟通鸡同鸭讲。

事实上,这样的例子真的数不胜数。很多文案根本不关心客户关心什么,以及他们能从文案中获得什么有用信息,完全就是"自嗨"。

在前面这个案例中,客服最后就用提问来核实对方是否听懂,"我现在说的是屏幕上的东西,您把鼠标往左下角挪,有一个开始键,看见了吗?"直到确认客户找到了,才算顺利完成一次交流。

在交流中,让对方听懂你的话是一个基本的前提。好的文案,必须把你的语言转化为客户的语言和销售的语言。

冯卫东在《升级定位》中，把判断广告优劣的方法总结为"二语三性"法则，其中的"二语"指的是客户用语和销售用语，三性则指的是广告的可信性、竞争性和传染性。

1. 客户用语

就是客户转介绍你的产品时的话术，需要不绕口，好表达。只有简单、直白、广告色彩不明显的文案，客户才会愿意主动进行传播。

2. 销售用语

就是一线销售人员会使用的话语。销售人员在接待客户时，即使不用文案原话，也会以文案的意思为基础，用简明扼要的语言来表达。

比如钱大妈，其广告语是"钱大妈，不卖隔夜肉"，就很好地满足了"二语三性"法则。

在钱大妈的门店，销售人员会对客户说，我们的食材保证新鲜、安全，我们采用"日清"模式，每天定时将剩余尾货打折出售，直至售完，不卖隔夜肉。

而对于一个没有消费过的潜在客户，老客户可能会这样向他介绍：要买新鲜优质的肉，去钱大妈吧，它不会卖隔夜肉。

转化为客户用语和销售用语的文案，不但客户容易理解，而且销售人员在整个销售过程中，以及客户在转介绍过程中都会使用，传播的效率更高。

5.2 对一群人说还是对一个人说

每年过年的时候,我们都要互相祝福,我们会给很多人发祝福信息,也会收到很多人发来的祝福信息。

现在假如你收到两个朋友发来的下面两条信息,你会回复哪一个?

"新年好!新年到!好事全到了!祝大家新年快乐!身体健康!工作顺利!"

"新年好!新年到!好事全到了!×××(你的名字),祝你新年快乐!身体健康!工作顺利!"

不用说,你肯定想回复第二个。而第一个,可能春节都过完了,你都没有回复过。

为什么呢?

因为第一个一看就是群发的。第二个则明显是专门为你一个人发的,虽然这条信息的大部分文字看起来像复制的,但你的朋友也表达了他的诚意。

你看,一条信息你都如此在意是不是专门为你发的,更何况是文案,还要触达客户的内心,让他掏钱购买产品。

自私的基因

人本质上是自私的。《销售脑》中就说"大脑是个自私鬼",它完全以自我为中心。

生物进化的最基本单元是基因,基因唯一感兴趣的就是不断重复地拷贝自身,以便在进化过程中最大限度地生存和扩张。这是道金斯的《自私的基因》一书中的主要观点。

由于基因掌握着人类的"遗传密码",为了生存和繁殖,人类进化出了各种自私的行为,且铭刻在了基因中,所以人生来就是自私的。

所以,虽然你的产品定位面向的是一个客群,但你的文案却不能对一群人说话。不然,你就会变成一个摆路边摊的人,手里拿个喇叭,大声吆喝"走过路过,千万不要错过",尽管游人如织,却无人问津。

文案要对一个人说话。你的文案要让客户感觉就是专门写给他看的,才能引起他的注意,他才会考虑要不要"回复"你。

那如何才能让客户感觉你是在和他说话呢?最简单的方法就是你的文案要和他相关。

比如"情人节快到了,很多人还不知道给女朋友送什么礼物",这就是自说自话,客户不会有代入感。如果把文案改成"情人节快到了,你还不知道给女朋友送什么礼物吗？"虽然说的内容一样，但客户的感觉却是完全不一样的。

大家都知道女性在生理期时会不舒服，情绪很敏感。护舒宝的《快乐宣言》，就选择直接站在女性的视角，说出了女性的心里话：

"那几天，我和我的床有约会，别找我开会；
那几天，想哭就哭，用眼泪洗掉坏情绪；
那几天，用球鞋代替高跟鞋，找阳光去逛街。
女人，'月'当'月'快乐，护舒宝。"

你在写文案的时候，不妨把一群人当作一个人，想象他就坐在你的面前，想象他的年龄、身高、长相、收入、地位、喜好、渴望、痛苦和焦虑，然后和他正常说话、聊天。

这时你写的文案，就会更多地使用一对一说话时才会用到的词语。而客户在看你的文案时，就会感觉你是在和他一个人说话，还会感觉你很懂他。

白话文

1917年，胡适在《新青年》上发表《文学改良刍议》一文，主张用白话文代替文言文，提出关于写文章的"不作无病之呻吟""须言之有物"等主张。此后，白话文开始普及。

> **信息密度**是指一份信息所能提供的相关信息量的相对指标。
>
> 信息密度大，可以理解为接收者某段时间内并行处理信息的量较大。
>
> 从接收者的角度来看，信息密度大就是信息的质和量很高，让接收者很紧张，稍微放松都担心会错过什么东西。

为什么要用白话文？

是文言文不好吗？当然不是，文言文很好。但文言文的缺点是不适合会话，它的**信息密度**太大了，你说一句，别人要想半天才能明白你说的是什么。如果你再用上互文倒装之类的句式，对方怕是揍你的心都有了。

文言文的另一个缺点是普及率非常低。除了少数读书人，大部分老百姓是看不懂的。所以在古代，县里要是贴个榜，旁边还得站个人专门做翻译。

在古代，无论书写工具，还是传播手段都比较落后，因此必须注重简洁，下笔省略。其实，文言文相当于古代官场的专业术语，就像我们今天各个行业所用的专业术语一样。

专业术语是特定的专业人士之间，为了方便沟通而使用的简化用语，因此也被称作行话。显然，行话不适用于跨圈子的沟通和交流。

比如，在很多面试中，面试官上来的第一句话就是"请做个自我介绍"，这就是典型的行话。在这种时候，被面试者通常是懵的。其实面试官的潜台词是：为了让我能尽快了解你，麻烦你用3分钟对自己的过往做个阐述。

与文案对话的客户，显然在圈子之外，而且对产品的了解程度也在不同的"A点"，所以文案要用白话文，说明白话，这样才能沟通到位。

比如农夫山泉的"我们不生产水，我们只是大自然的搬运工"，就是很好的文案，用"搬运工"指代整个生产水的过程，简单、易懂。

据说，这个文案是农夫山泉的创始人钟睒睒亲自参与创作的。它看上去很朴实，好像没有什么技巧，但生动地道出了农夫山泉天然环保、无人工污染的产品卖点。

5.3　从客户已知的说起

当你一个人来到一个陌生的城市，你最想看到的是什么？

如果这时你能见到一个带有家乡名称的餐饮店，或是听到来自家乡的口音，我想你一定会备感亲切，内心的孤独也会减少很多。

文案也是如此，如果我们先从客户熟悉的事物入手，从客户已知的说起，就能很好地减轻他们阅读和理解的负担，拉近彼此的距离。

基模效应

我们是怎样认识一种新事物的呢？

如果仅仅通过事物本身那些抽象而晦涩的概

念，你是很难理解它们的。

比如蓝鲸，是已知的地球上存在过的体积最大的动物之一，它长达33米，重达181吨。那这个大家伙到底有多大呢？

很多人是很难对此有形象的认识的。但是如果说蓝鲸有11层楼那么长，有2 500个成年男子加起来那么重，舌头相当于一辆大货车，血管粗得可以装下一个小孩，你是不是就能很容易想象出蓝鲸的身躯有多么巨大。

对于一个新的事物，人们往往习惯用固定的认知结构去理解和解释。这个固定的认知结构，就是基模。

基模这个概念，率先由瑞士发展心理学家让·皮亚杰提出，他认为，基模是人类吸收知识的基本架构。

简单来说，基模就是我们大脑中关于知识的一个基础模型，它将知识表征化为一个概念模型。一个基模既包括概念的各种属性，也包括这些属性之间的关系。

如果你身边有小孩，你仔细观察就会发现，孩子学习的过程其实就是一个在大脑里建立基模的过程。比如他第一次见到车的时候，不知道那是什么东西，我们告诉他那是车，他的大脑里就会对车建立一个基模，特征是有轮子、会动、有方向盘。然后，车的基模慢慢扩大，包括警车、救护车、消防车等。

所谓经验决定认知,人们只有对新事物建立一个基模,并进行思维的关联与认知的唤起,才会对新事物有直观和形象的认识。

比如给一个外国人介绍中国的春节,你只要说这相当于他们的圣诞节,他就很容易明白了。

"把1 000首歌装进口袋",这是iPod的经典文案。作为新产品的iPod,苹果用了一种非常生动的方式来描述它的功能,让客户在思维上产生关联,降低了理解成本。

同样,在第一代iPhone发布时,乔布斯也说了类似的话:"iPhone=1个大屏iPod+1个手机+1个上网浏览器。"

对于文案来说,用已知来解释未知,能快速有效地帮助客户建立对新产品的认知,启动他大脑里的联想机制,这样他就更能了解你的产品卖点和优势,进而产生消费行为。

2015年3月,小米发布了一款智能硬件产品——小米体重秤,它的文案是:"喝杯水都可感知的精准"。

小米体重秤没有说它到底用了什么高科技,或者什么新型材料,而是说"喝杯水都可感知"。这样客户就能快速了解小米体重秤的优点,那就是非常精准,进而就能轻松影响他的购买决策。

意象

对于人们来说，所接收的信息越贴近自己的经验就越觉得安全，同时也越容易接受。因此，用人们熟悉的事物来与新事物建立关联，能增进人们对新事物的认识。

卡尼曼在《思考，快与慢》中提出可得性偏差，说的就是受记忆力或知识的限制，人们在做判断的时候，总是借助自己熟悉或者容易想象的信息。

除了用基模效应关联客户已知的事物，达到让客户迅速理解产品的目的，文案还可以用意象进行创作，准确引导客户，让客户的想象进入文案构建的意境，从而让文案与客户之间形成一种心灵上的共鸣。

意象是一个中西方都有的概念，尤其在传统诗词中被广泛使用。比如我们熟知的元曲四大家之一马致远的《天净沙·秋思》：

枯藤老树昏鸦，小桥流水人家，古道西风瘦马。夕阳西下，断肠人在天涯。

诗中并置的一连串事物，比如藤、树、鸦，都是人们所熟知的，但通过"枯""老""昏"等意象的叠加，就营造出了一个凄清、衰落的意境，衬托出了作者的羁旅之愁和思乡之情。

简单来说，意象就是意思的形象。意象是表达了某种意思的事物，是融入了人们主观情意的客观物象。

比如"安静是种奢侈品，特供孤独的人"，这句文案出自 2020 年锐澳的微电影《空巢独饮万岁》，用了意象的写作手法，让我们仿佛看到一个白天生活在纷扰中的人，在晚上享受孤独的场景，很容易让我们代入到其中。

同样，肯德基的"等下午 3 点的风，为我翻翻书"，让我们感受到，在阳光明媚的下午，泡杯茶看看书，是件多么惬意的事情。

而爱彼迎的"睡在山海间，住进人情里"，则是用意象手法对民宿进行直白的描绘，促使旅客走出酒店，体验与自然美景融为一体、更贴近当地生活与文化的特色住宿方式。

5.4　文案越分形越好看

1967 年，数学家本华·曼德博在权威的《科学》杂志上发表了题为《英国的海岸线有多长？统计自相似和分数维度》的著名论文，并正式提出了分形理论。

海岸线作为曲线,其特征是极不规则、极不平滑,呈现蜿蜒复杂的变化。但在没有建筑物或其他东西作为参照物时,在空中拍摄的100公里长的海岸线与放大了的10公里长的海岸线的两张照片,看上去十分相似。

事实上,具有自相似性的形态广泛存在于自然界中。比如连绵的山川、飘浮的云朵、岩石的断裂口、树枝的分叉、餐桌上的花菜等。

曼德博把这些部分与整体以某种方式相似的形体称为分形。通常,分形可以分为数个部分,且每一部分都与整体缩小后的形状相似。

分形理论是在分形几何学基础上,研究分形性质及其应用的科学。

简单地说,分形理论提示我们:把复杂对象的某个局部进行放大,其形态和复杂程度与整体相似。

分形理论的出现,让人们重新审视这个世界:世界是非线性的,分形无处不在。分形不仅展示了大自然之美,还揭示了世界的本质,拓展了人类的认知疆域。物理学家惠勒就说:"将来谁不知道分形概念,谁就不能称为有知识。"

文案分形

分形理论不仅关乎科学,也关乎美学。分形之美,体现在比例、尺度、和谐、均衡等各个方面,通过自相似和迭代生成,构建了局部与整体之间的相似性,展示了自然流动的生命之美。

《道德经》说:道生一,一生二,二生三,

三生万物。讲的也就是分形的概念。

用7个基本的音符，音乐家们就能创作出各种美妙动听的乐曲。而经过短期的排练，公司的员工就能在年会舞台上，用统一的肢体动作，表演一段非常精彩的舞蹈。

在《西游记》中，唐僧师徒四人经过九九八十一难，最终取回真经，修成正果。而在金庸的《射雕英雄传》中，傻小子郭靖经过九个阶段，一步一步成长为救国救民的大侠。

分形是近年来一个很热门的理论，之所以有那么多专家都对它进行研究，其中一个重要的原因就是分形更符合我们大脑的认知机制。

1. 组块

我们大脑的信息处理，是集中在**工作记忆**中完成的，工作记忆位于大脑的前额皮质。

而工作记忆的容量是有限的。为了减少大脑中的冗余信息，节省认知空间，提高信息处理效率，大脑会将一堆信息基于某种意义或逻辑关系组合封装成信息块，也就是组块。

组块可以让大脑的工作更高效，一旦你把某个想法、概念或动作组块后，你就不再需要记住和它有关的全部细节，你只需要记住这个组块就行了。比如早上起床刷牙，你只需要一个简单的"我要刷牙"的念头去启动。但如果展开来看，你会发现这个简单念头的组块所包含的活动其实

工作记忆是认知心理学提出的一个概念，是指在执行任务的过程中，用于信息暂时存储和加工的资源有限的系统。

在记忆系统中，工作记忆接收来自最前方的感觉信息（感觉记忆），同步调取长时记忆的信息，并快速将这些新旧信息进行临时存放和加工处理。

是非常复杂的。

一个产品包含了大量的信息,要让客户能够很好地理解这些信息,你就需要创建一种联系和规则,把同类信息合并为信息组块,然后再以组块化的信息来和客户进行沟通。

2013年6月,万科举办了"三好"品牌发布会,提出项目要做到三个"好":"好房子,好服务,好社区"。

万科把一个项目从设计建造到交付运营的全流程,提炼为好房子、好服务和好社区3个组块。这3个组块,本身就有自相似性,组合起来后,就形成了客户眼中的万科"好"。

2022年,华美美莱在公交车站台和地下停车场出入口做了很多的灯箱广告,文案是这样的:"好看的双眼皮在华美美莱",画面上还错落排列着好医生、好技术、好医院、好选择等文字内容,其文案的出发点也是相似的。

2. 树状结构

还记得平克的那句话吗?

写作就是将网状的思考,通过树状的结构,用线性的语言进行清晰的表达。

为什么是树状的结构呢?

麻省理工学院的认知科学教授约书亚·布雷特·特南鲍姆用计算机模拟了星形、聚类、方块、环形等抽象知识的不同**表征结构**，最终他用数学方法证明，人类最佳的抽象知识结构是树状结构。

我们都知道，大脑是个认知吝啬鬼。只有树状结构才符合人类认知特点，从树的上一层到下一层，大脑可以通过联想快速将知识从记忆底层提取出来。同时，树状结构又是兼具横向和纵向扩展能力的分形结构，更容易被消化记忆。

写作讲求字、词、句、段、章、篇，其实就是要求用树状结构来展开语言的表达。

文案虽然不像文学写作那样有规范性的要求，但在可读性和易懂性上是相通的。最常见的是用短句、断句、换行、分段等手法，把要输出的信息用树状结构表达出来。

比如"心静，思远，志在千里"，这是2004年上汽通用为强化别克品牌形象创作的文案，简单的3个短句，就勾勒出了别克的品牌精神。

在2020年的奥迪瓦罐市集活动中，奥迪推出了一组宣传海报，其中一张海报的文案是这样的：

"你看见了路的蔓延

路遇见了你的远方

让心在路上与世界相遇"

把一句话断成3行，刻意制造停顿，用3个"路"字，让你跟着树状的文字结构，慢慢思考

在认知心理学中，知识是已加工完成的、有组织的信息。

表征结构是关于信息的加工、存储和表达的结构，是"一种能把某些实体或某类信息表达清楚的形式化系统"。

诗和远方。也许一辆出色的旅行车，就能让你挣脱生活的枷锁，体味生命的辽阔。

重复感

我女儿小的时候，特别喜欢看上影厂出品的《葫芦兄弟》，这部只有13集的动画片，她几乎每天都闹着要看。那段时间，只要"葫芦娃，葫芦娃，一根藤上七个娃"的音乐响起，我整个人都是崩溃的。

在心理学上，孩子这种喜欢做同一个动作，看同一个故事，或是玩同一个游戏的行为规律，被称为常同行为。意思就是说，重复其实是孩子成长的必经过程，每个孩子都会在重复中逐渐学习、掌握和熟练各种技能。

由于孩子的认知能力缺乏、记忆功能还不完善，重复能让他们有新的感觉和记忆。同时重复还能让孩子找到安全感，当他们面对熟悉的场景和事物时，除了能很快掌握信息，还能让精神得到放松，让情感得到认同，从重复的这个行为中获得安全感和成就感。

我们都知道，重复是记忆之母。大脑生成记忆，主要靠刺激的强度和刺激的次数。如果信息非常重要，刺激的强度特别高，那么就能快速形成**长时记忆**，比如恐惧等强烈情绪就属于强刺激类型。如果信息不那么重要，或者说跟生存和死亡的关系不大，那么就很难被记住，只能通过增加刺激次数来实现记忆。

从生理机制来说，每个人的胸腔里都有一个心脏，它在有节奏地重复跳动。自胎儿时期心脏形成后，一直到死亡，心脏都在昼夜不停地跳动，像发动机一样维持血液循环。

生命的本质就是有节奏的，除了心跳，还有呼吸、生物电信号、脑电波等，其都是根据一定的频率运转的。人体本身更倾向于接纳有节奏的信息，这更符合生理规律。

显然，重复让人们感觉熟悉、安全，这样的感觉也更有利于信息的传递和沟通。

因此，文案大量使用词句、节奏和韵律的重复，不但能产生分形之美，更让客户觉得朗朗上口和容易理解。

比如空调电器，海尔的"风从自然来，远离空调病"，两个分句都是5个字。格力的"好空调，格力造"，两个分句除了都是3个字，最后一个字还押韵。而在疫情之下，2021年美的挂机的"如果换个地方生活很麻烦，那不如给家里换换空气"，通过一个"换"字的重复，引起客户的共鸣，让客户与焦虑的自己和解，找回生活之美。

在长文案中，重复就使用得更加普遍了。比

> **长时记忆**是指储存时间大于一分钟的记忆。它储存着我们过去的所有经验和知识，为所有心理活动提供必要的知识基础，容量没有限制。
>
> 心理学家图尔文把长时记忆分为情景记忆和语义记忆两类。情景记忆是指人们根据时空关系对某个事件的记忆。语义记忆是指人们对一般知识和规律的记忆，与特殊的时间和地点无关。

如 2020 年湖南卫视的综艺节目《乘风破浪的姐姐》第一季，其开播文案是：

"三十岁以后，人生的见证者越来越少，但还可以自我见证；三十岁以后，所有的可能性不断褪却，但还可以越过时间，越过自己。

三十而励，在时光的洗练、时代的铿锵中，我们不断更新对世界、对生命提问的能力。

三十而立，我们从每一段寓言里，辨认自己，也认识他人的内心、他人的真理。

三十而骊，骊色骏马，飞云踏海，我们关心成功，也关心失败，更关心每个人要面对的那座山；我们关心美好，关心热爱，更关心日新月异的未来，努力与翻越，不馁与坚信。

肆意笑泪，青春归位。一切过往，皆为序章。直挂云帆，乘风破浪。"

"中年"，是女性身上的一副枷锁。这份由节目总导演吴梦知撰写的文案，大量运用排比、押韵和谐音，产生了**重复效应**。从"三十而励""三十而立"到"三十而骊"，表达了中年女性还有无限可能性的内涵，激励她们正视年龄、正视自己、正视内心，无畏无惧，乘风破浪。

不知道你看了《乘风破浪的姐姐》的文案，有没有泪湿眼眶。很多明星都说，是因为看了先导片，被文案所感动，才决定上节目的。

任何一件事情或一种思维，只要不断地重复，就可以得到不断加强，这就是心理学上的**重复效应**。重复效应强调潜意识中对某些行为的重复，并演变成一种习惯。

这就是文案的力量,也是重复的力量。

5.5　文案在零度与偏离间

2021 年,湖南卫视推出综艺节目《披荆斩棘的哥哥》,这次的开场定调文案同样由吴梦知撰写,同样燃爆全场,让人动容。

吴梦知是湖南卫视的"御用金牌写手",据说从 2005 年起,她就包揽了湖南卫视所有的综艺文案,确实很厉害。

这里列举一些吴梦知的文案作品:

"你会不会刹那想起
曾经活得多么用力,而岁月稀释了荷尔蒙
潦烈、叛逆、温存、青涩
孤独、欢乐、笨拙、纯洁"
——2013 年《快乐男声》6 进 5 VCR

"人生如旅,简单点
你打得赢怪物,就收得到礼物"
——2014 年《花儿与少年》第三集

"听说,悲伤的人喜欢看日落
但,日出总会像刀一样升起"
——2017 年《花儿与少年》先导片

"爱不是彼此凝望

而是看向相同的远方"

——2017年《花儿与少年》第四集

"这是我们的第 6 个春天

今夜，第 82 集

是离 100 的满分距离

是人生永无完美的恰好的努力"

——2018年《歌手》终场

在知乎、豆瓣等平台上，都有人专门分析过吴梦知文案的特点。比如用词新鲜、使用富有**共情力**的比喻等。

零度的偏离

吴梦知在接受采访时，曾说过一段话：文案是纯商业的，它是对产品利益点的包装。一切不能带来销售的广告，都是纸老虎。

那该如何包装呢？

以吴梦知的文案来说，那就是零度的偏离。比如《快乐男声》里的"潦烈"这个词，"潦"和"烈"都是我们熟悉的常用字，把这两个字组合在一起，却有些陌生，但这并不妨碍观众理解那种关于青春的仓促和肆意。

1953 年，文学理论家罗兰·巴特发表了一篇

人本主义心理学大师罗杰斯指出，共情意味着进入他人私密的感知世界，在其中游移而不做任何评价，对他人正在体验的恐惧、愤怒、脆弱、困惑等感受时刻保持敏感。

共情力指的是一种能深入他人主观世界，了解其感受的能力。

名为《写作的零度》的文章，提出了写作风格"零度"论。

所谓零度的写作，就是直陈式的写作，在文字中不掺杂任何个人的态度和情绪。和零度相对应的，就是偏离，也就是带有感情的写作。

在修辞学中，零度这个概念则出现得更早一些。1932年，陈望道的《修辞学发凡》就提到了零度概念，指的是在表达方式上修辞运用为零的写作方法。

1988年起，语言学家王希杰先后发表《论修辞学的现象》等多篇文章，提出了偏离理论。他指出，如果把规范的形式称为零度形式，那么对零度超越、突破、违背和反动的结果，就是偏离形式。

零度不好吗，为什么要偏离呢？

当然，偏离不是目的，只是手段。偏离的目的是满足交际活动的具体需要，使话语的表达效果更好。

周恩来总理是举世公认的杰出外交家，在他的外交生涯中，留下了无数金句妙语。有一次，外国记者问周恩来总理："在你们中国，明明是人走的路为什么却要叫'马路'呢？"

周总理不假思索地答道："我们走的是马克思主义道路，简称马路。"

这位记者的用意，是把中国人比作牛马，暗

指中国人和牲口走一样的路。如果你真的从"马路"这种叫法的来源去回答他,即使回答正确也没有什么意义。周总理把"马路"的"马"解释为马克思主义,形成了零度的偏离,其结果反而让那名记者非常难堪。

简单来说,偏离就是为了表达特殊意义或形成特殊表达效果,而采取的对于零度的违反或改变。列日大学的 µ 学派对零度的偏离进行了更具体的分析:以正字法、词法、基本词义、逻辑规则为零度,偏离有形式上和意义上两个方面的偏离。

1. 形式上的偏离

包括词法和句法上的偏离。

2. 意义上的偏离

包括语义和逻辑上的偏离。

文案作为吸引客户、促成购买的工具,在零度和偏离间游移,能使主观表达更加完善、形象和逼真。同时,也能让客户更加容易阅读和理解,并产生情感上的共鸣,实现传播效果最大化。

比如阿里巴巴的"上天猫,就购了",用的就是"购"和"够"的谐音。陌陌的"世间所有的内向,都是聊错了对象",重新定义了"社交恐惧",同时句尾押韵,顺口又有节奏。

韩束的"跳出舒适圈值得羡慕,找到舒适圈也值得欣赏",用重复手法鼓励那些敢于面对未知和挑战的人，同时也赞赏能在当下找到自己、知足常乐的人。MINI汽车的"别说你爬过的山，只有早高峰"，则用双关手法，以"早高峰"与"爬山"寓意成长中不服输的精神。

熟悉的陌生感

设计大师黑川雅之在《设计修辞法》中说：交流是非连续性的行为。所谓交流，并不是像传递物体一样，将想要传递的物品递到接收方的手中，而是类似于通过让对方接近正电荷，引导出他的负电荷，从而形成一种非连续的刺激。

在黑川雅之看来，无论语言还是作品，作者都无法准确无误地将自己所要表达的内容传递给读者。因此，作品的目的不是传达，而是"告白和提问"。修辞法不是传达信息的技巧，而是告白的技巧，也是提问的技巧。

文案更是如此。文案不是把你的产品对客户做一个直白的陈述，这样的文案是不会有客户爱看的。文案要洞悉人心，突破和超越零度的规范，用积极的偏离，将客户熟悉的事物陌生化，让他在熟悉的安全感和陌生的新鲜感中，由共性出发，通向共鸣。

1. 感受质

为什么你的内容无法准确传递给客户呢？

客体是与主体相对应的概念，是由弗洛伊德提出的专业名词，指某个体的意愿、情感、行为所指向的人或事物。

哲学上有个概念，叫作感受质，指的是人们通常会按照自己的经验理解**客体**所包含的意义。

感受质不可言说，因为它们可能在多个心灵中各不相同，而我们又不可能发现这一事实。当然，这也不一定会对我们关于客体及其属性的认知造成不便。

显然，感受质是主观的，它们在日常对话中被提及时可能没有名字，但可以通过迂回的说法来进行提示，比如"看起来像""是那种感觉"。

2. 感觉门控

当我们连续听到两个相同的纯音刺激时，第二个刺激引发的动作电位会有所降低，这一效应称为感觉门控，也叫作感觉门。

感觉门控是大脑的一种正常功能，是指大脑会抑制无关、冗余的感觉刺激输入，并且通过滤无关刺激使大脑更高级的皮层不会因为感觉刺激而超载，从而导致大脑崩溃。

感觉门控是在对精神分裂症进行研究时被发现的，精神分裂症的病理基础是感觉门控缺失，导致大量无关信息进入脑中，搅乱了脑功能。

由于感觉门控这种机制的存在，人们天然排斥与自我思想相矛盾的其他思想。

所以，你的文案在输出到客户一侧的时候，要符合客户已有的认知。不然，你的文案可能刚抵达客户的门口，就被拦截在外了。

3. 新旧联系

为什么有的文案一看就懂，而有的文案却让人无所适从呢？

其中的一个主要原因就是知识的**同化**问题，也就是说，文案中的新知识要和客户的旧知识建立联系，这样客户才能很好地思考和领会。

认知教育心理学家戴维·保罗·奥苏贝尔认为，新知识的学习必须以学习者头脑中原有的知识为基础，没有一定知识基础的学习是没有意义的。

还记得你是怎么学习的吗？我们刚上学时，要先学习拼音，再认识汉字、词语，然后才能读课文。如果拼音没有学好，学字词就很困难；如果字词认得少，就难以读懂一篇课文。

可见，当我们在学习一个新知识的时候，并不能直接理解新知识，而是需要以旧知识为基础，通过旧知识来理解新知识。

在文案中，常用比喻、借代、拟人、通感等修辞手法，来表达那些难以言说的感受。这种新旧联系的、熟悉却又陌生的文案，客户很容易就能看懂，并产生共鸣。

比如奇美液晶电视的文案"世界上真的有一种专门拆散亲子关系的怪物，叫作长大"。这是电通广告资深文案人赖致良的经典作品，他把"长大"巧妙比喻为"拆散亲子关系的怪物"，这种

> 在生物学中，**同化**指机体吸收食物并使之转化为原生质的过程。
>
> 在认知心理学中，同化是指对所获得的信息进行转换，以使它符合现有的认知方式，尽管这种转换可能会使信息受到一定程度的扭曲。

熟悉的陌生感，一下子就让我们联想到父母和孩子之间的那些亲子画面。

类似的文案还有很多，比如香飘飘的"杯子连起来可绕地球三圈"，中华汽车的"世界上最重要的一部车是爸爸的肩膀"，网易云音乐的"喜欢这种东西，捂住嘴巴，也会从眼睛里跑出来"，都很好地营造出了文案的熟悉的陌生感，让客户一读就懂，深有同感。

再回过头看吴梦知的文案，她的文案能如此动人，其背后的逻辑就是"拿捏"了我们偏离规范、新旧联系的认知心理。

5.6 给你的文案加个滤镜

一天中午，在繁华的巴黎大街上，一位双目失明的老妇人站在街上乞讨。

她佝偻着腰，衣衫褴褛，苍白的头发在风中飘荡。在她的身旁，立着一块木牌，上面写着："我什么也看不见！"

一位诗人路过这里，他走到老人面前，俯下身问道："老人家，今天给您钱的人多吗？"

听到有人询问，老人长叹一声说："我今天什么也没有得到。"

诗人听了，拿出笔，悄悄地在木牌的那行字前面写了四个字："春天到了"。

晚上，当这位诗人再次路过时，他看到很多来往的行人在经过这块木牌时都停了下来。有衣着华丽的绅士、贵妇，还有打扮得漂漂亮亮的少男少女，他们掏出钱包，拿了一些钱放在老人的手里。就连一个衣着寒酸的小职员，也摸出一枚铜币交给老人。

这个故事有很多版本，在人教版小学五年级语文下册课本中，有一篇题为《加了一句话》的选读课文，说的就是这个故事。

制造冲突

同样是给乞丐改文案，前面那个是故事，而下面要说的这个，却是真实发生的事。

任瓦茨在《销售脑》的开篇，讲了他从一名乞丐手中，挣到了每小时 960 美元咨询费的故事。事情是这样的。

一天晚上，在旧金山，任瓦茨正要进入一家餐馆用餐，被一个无家可归的人拦住了，那人举着一张牌子：

"无家可归，求您帮忙。"

他决定给流浪汉 2 美元，条件是让他修改牌子上的句子，并且许诺如果用餐结束后流浪汉还在这里的话,他还会再给流浪汉 5 美元。

任瓦茨想看看,文案改动有没有效果。

两个小时后,任瓦茨又在门口碰到了流浪汉,流浪汉不但没有收下任瓦茨许诺给他的额外的 5 美元,还坚持要给他 10 美元!

流浪汉开心地告诉任瓦茨,在他吃饭的两小时里,自己一共收到了 60 美元。而在平时,流浪汉每小时最多只能得到 2~10 美元。

流浪汉非常感激,并拿出 10 美元坚持要任瓦茨收下。

任瓦茨帮助流浪汉的过程不到半分钟,如果这 8 美元的利润换算成每小时费率,那就是每小时 960 美元的咨询费!

任瓦茨在牌子上究竟写了些什么呢?

他写的是:"如果您很饥饿,您会如何?"

对比一下"我什么也看不见"与"春天到了,我什么也看不见",以及"无家可归,求您帮忙"与"如果您很饥饿,您会如何",它们表达的内容,其实都是一回事。

但为什么简单修改过后的文案,会产生如此大的魔力呢?

这是因为修改后的文案,并不是按照正常的逻辑来表达的,由此引发了大脑里的认知冲突。而当你稍作停留,试图解决这个冲突的时候,反而不自觉地被代入文案所营造的意境,唤醒了内心深处的情感,拨动了最柔软的心弦。

无论电影、戏剧还是小说,冲突增加了剧情的神秘感,调动着人们的情绪。可以说,冲突是文学作品的灵魂,没有起伏,没有曲折情节的作品,是没有任何吸引力的。

有一句意大利谚语说:"吃饭没酒,如同白天没有阳光。"文案如果没有冲突,就像吃饭没有酒,读起来索然无味。

叶茂中在《冲突》一书中指出,**冲突**是需求的基础。三流的营销,发现冲突;二流的营销,解决冲突;一流的营销,制造冲突。

冲突就是指对立的、互不相容的力量或性质(如观念、利益、意志)的互相干扰。

冲突之所以产生,根源在于人性的复杂化和多样性。比如生理和心理的冲突,需要和想要的冲突,情感和理性的冲突。

在叶茂中看来,制造冲突要有"差异化";不是新产品,但要有"新意义";传播不要怕有争议,冲突要强烈。

有人说,叶茂中一生都在制造冲突,并乐此不疲。比如2014年叶茂中为滋源无硅油洗发水做的策划,他把洗发水改为洗头水,虽然只改了一个字,却打破常规,制造了一个大冲突:"洗了一辈子头发,你洗过头皮吗?"

滋源的文案,成功把客户从对头发的关注转向对头皮的关注,在洗护发水红海市场创造了新的消费需求,并把产品卖出了更高的价格。

今天,很多人在拍照时,都喜欢用手机里的滤镜功能,这样就能拍出各种好看诱人的照片。你的文案要好看和诱人,最简单的方法也是给它加个"滤镜"。而制造冲突,就是一个有效滤镜,让你的文案看起来不一样,更有吸引力。

比如美的的"原来生活可以更美的",361°的"多一度热爱",支付宝的"支付宝,知托付",蒙牛的"不是所有牛奶都叫特仑苏",蓝天六必治的"牙好,胃口就好,身体倍儿棒,吃嘛嘛香"等文案,就是通过双关、同音、定义、方言等手法,制造出文案的冲突感,赋予文案戏剧性。

在长文案中,有了更多文字空间,就更容易制造冲突。比如奥美前创意总监尼尔·法兰奇为芝华士写的文案:

"这是皇家芝华士的广告

假如你还需要看瓶子

那你显然不在恰当的社交圈里活动

假如你还需要品尝它的味道

那你就没有经验去鉴赏它

假如你还需要知道它的价格

翻过这页吧,年轻人"

这则文案首先赞赏了那些芝华士的老顾客们眼光独到、魅力非凡,然后顺便挑逗那些没有能力经常购买芝华士的年轻人,刺激他们攀比、购买的欲望。

2017年,蚂蚁金服联合多家基金公司共同推出的一组"年纪越大,越没有人会原谅你的穷"

的海报，文案是这样的：

"每天都在用六位数的密码，保护着两位数的存款。

你每天都很困，只因为你被生活所困。

全世界都在催你早点，却没人在意你，还没吃早点。

对所有大牌下的每个系列化妆品都如数家珍，但你绝不会透露自己用的只是赠品小样。

懂得父母催你存钱的好意，但更懂得自己光是活下来，就已用尽全力。

经济独立了，才敢做真实的自己，否则只好一直做别人喜欢的自己。"

蚂蚁金服的本意是，希望通过这一组文案传递"让理财为生活创造更多机会"的理念，鼓励年轻人关注理财。

你看了，是不是也觉得非常"扎心"呢？

提炼金句

导演李安在接受采访时曾说，导演是一个容器，先感受一些事情，然后通过自己的理解向观众传递这件事情，感性是先于理性的。

文案其实也一样，你要先感受产品，诚恳地把自己的理解拿出来，再跟客户进行交流。

要让文案更好看，让客户产生共鸣，除了要有冲突，还有一个很好用的"滤镜"，那就是金句。

著名作家查尔斯·狄更斯在他的《双城记》的开篇写道：

"这是一个最好的时代，这是一个最坏的时代；这是一个智慧的年代，这是一个愚蠢的年代；这是一个信任的时期，这是一个怀疑的时期。这是一个光明的季节，这是一个黑暗的季节；这是希望之春，这是失望之冬；人们面前应有尽有，人们面前一无所有；人们正踏上天堂之路，人们正走向地狱之门。"

你读起来是不是觉得朗朗上口，又具内涵，迅速就进入阅读的状态了呢？

应该说，这段文字里全是金句，而"这是一个最好的时代，这是一个最坏的时代"这一句更是广为流传，被使用在无数的文章中。

所谓金句，就是指像金子一样宝贵的，有价值的、有意义的精炼句子。知识达人秋叶大叔曾说过：好的金句简短、有力量、带节拍。

人们永远追求美的东西，金句是提炼出来的句子，不仅有韵律美，还有整齐美、错落美、意象美等，容易唤起人们感官上的愉悦感。

好文案一定要有金句。金句不仅能为文案画龙点睛，还能拉近与客户的心理距离，赢得客户的好感及好评。

2021年的妇女节，珀莱雅联合《中国妇女报》发起了一个关于打破性别**刻板印象**的主题活动，并邀请说唱歌手于贞出演短片，在一长串的文案口白后，片尾推出"性别不是边界线，偏见才是"的主题宣传口号。

很多时候，人们带着自己都不认同的身份生活，承受着社会压力。对于性别来说，错的不是性别，而是偏见。

珀莱雅的"性别不是边界线，偏见才是"这个金句，采用"不是……才是……"的模因句式，11个字长短结合，升华了活动主题，表达了品牌的核心观点，引发了社会的普遍共鸣。

如何写出引人注意，让人产生共鸣的金句呢？

粥左罗在他的《学会写作》一书中，总结了提炼金句的4个常用技巧。

1. 重复

指句式重复或者用词重复。

比如知乎的"有问题，就会有答案"，哈根达斯的"夏天很热，爱要趁热"，泸州老窖的"别把酒留在杯里，别把话放在心里"，民生银行的"做好自己的角色，没有谁是小角色"等。

2. 回环

指将两个字词相同而排列次序不同的言语片

> **刻板印象**是指我们对事物形成的比较笼统的、概括的看法，认为某一类事物应该具有某种属性，而忽视事物的个体差异。
>
> 刻板印象是一种典型的认知偏见，它具有积极的作用，同时也存在消极的影响。其一旦形成，就很难改变。

段紧密相连，可以给人以循环往复的意趣。比如天猫的"生活的理想，就是为了理想的生活"，千禧书店的"我期待夏天的你，更期待成为你的夏天"，去啊的"去哪里不重要，重要的是去啊"。

3. 类比

指用一个共同的属性，连接两个不同的事物。比如央视春晚的"一声爸妈，就是过年"，锤子手机的"漂亮得不像实力派"，爱华仕箱包的"装得下，世界就是你的"。

4. 押韵

指每个句子的最后一个字韵母相同或相近，使音调和谐优美。比如统一润滑油的"多一些润滑，少一些摩擦"，戴比尔斯的"钻石恒久远，一颗永流传"，阳光棕榈园的"日子缓缓，阳光散散"，肯德基的"白天晒晒太阳，晚上就遛遛月亮"。

本章扩展阅读

[1] 王希杰. 汉语修辞学[M]. 北京：商务印书馆，2014.
[2] 黑川雅之. 设计修辞法[M]. 张钰，译. 石家庄：河北美术出版社，2014.
[3] 叶茂中. 冲突[M]. 北京：机械工业出版社，2017.
[4] 粥左罗. 学会写作[M]. 北京：人民邮电出版社，2019.

第6章

如何吸引客户的注意力

要限制我们的头脑，那是很困难的，因为它是好奇的和贪婪的。
　　——米歇尔·德·蒙田，法国思想家、作家

没有任何一个客户，会买他自己都没兴趣，或是看不懂的广告。
　　——李奥·贝纳，广告大师、李奥贝纳广告公司创始人

没有所谓的长文案，只有太长的文案，如果不对，两个字的文案也可能太长。
　　——吉姆·德菲，著名文案大师

有个知名景点，每天都有大量的游客前来游览。

在景点的山脚下，开着很多餐馆，店名都很有特点，比如"大佬饭庄""如意餐馆""惠食堂"等，专门为游客服务。

因为当地的土鸡特别有名，不用饲料喂养，都是吃虫子长大的，鸡肉更香更美味。游客下山后大多会到这里吃饭，大家都知道，如果没有吃到这里的土鸡，那这一趟就会有遗憾。

然而在众多餐馆中，只有一家的生意特别好，其他餐馆的店员都要到路口去拉客，而这家店却总是排长队。

和其他竞争对手装潢典雅、招牌霸气不同的是，这家餐馆装修简单，店名也很土气，就叫"XX土鸡馆"，招牌下还挂着一块布标，写着"吃回50年前鸡的味道"。

其实这里的每家餐馆，招牌菜都是土鸡，口

味上也差不多。但为什么这个有点"土"的店名，和一句朴素简单的文案，却能让这家店鹤立鸡群呢？

换作是你，当你筋疲力尽从山上下来，饥肠辘辘时，你最想要的是什么？

毫无疑问，就是尽快找到一家土鸡馆，然后享受美味。"XX 土鸡馆"顺应了人性，直接与游客大脑中寻找土鸡的欲望对接，而"吃回 50 年前鸡的味道"，一下子就打动了他们的心。

6.1　为什么他们总是不注意

1999 年，哈佛大学的心理学系进行了一项实验。

参与实验的志愿者被要求观看一个不到 1 分钟的影片，片中有黑白两队人员，每队 3 个人，分别穿着白色和黑色运动服，所有人员都在不断移动并且互相传接篮球。志愿者需要记住白队人员传球的次数，观看结束后，研究者会立即询问他们白队到底有多少次传球。

答案可能是 34 次，也可能是 35 次，但这并不重要。实验者的目的不是关注志愿者的计数能力，而是想让他们的注意力集中到屏幕上。

因为在影片中，除了穿白色与黑色运动服的人员，还有一个穿着大猩猩服装的人，这个"大猩猩"从球员身边走过并稍作停顿，对着镜头敲打自己的胸膛，然后走开，整个过程在屏幕上不超过9秒。

实验结束后，志愿者被问的问题除了白队传了多少次球，还有"你看到大猩猩了吗"。

令人惊讶的是，大约有50%的志愿者表示，他们没有看到大猩猩。

但当他们重新观看影片且不需要计数时，他们都轻而易举地发现了球员中走过的"大猩猩"。很多志愿者都惊讶地表示"我居然没有看到"。

"看不见的大猩猩"，这是心理学上很有名的一个实验，是由心理学家丹尼尔·西蒙斯和克里斯托弗·查布里斯组织的。这个实验在不同国家、不同人群中重复了若干次，结果基本一致，大约有一半的人没有发现"大猩猩"。

这个实验指出了一个事实，当人们专注于某件事物时，往往会忽视旁边的某些事物，即便这些事物十分显眼且十分重要。

选择性注意

为什么有的人能看到，而有的人看不到呢？那些声称自己没看到的人，是真的没看到吗？

错觉是知觉的一种特殊情况。在心理学上，错觉是指在特定条件下对事物必然会产生的某种固有倾向的歪曲知觉，是对客观事物不正确的知觉。

《看不见的大猩猩》一书中，总结了 6 种错觉，分别是视觉错觉、记忆错觉、自信错觉、知识错觉、因果错觉、潜能错觉。

视觉错觉，简单来说，就是看到不等于看见。因为人的认知资源有限，导致人们经常忽视意料之外的事情。

有研究人员把眼动仪和这个实验进行结合，发现那些声称自己没有"看到"的人，其实是"看到"了的，他们的眼动轨迹有足够长的时间落在了"大猩猩"上。

那为什么看到的人却声称自己没看到呢？

这是因为，人的注意力是有选择性的。我们在知觉事物的时候，总是关注特定的对象，而把其余对象当作背景，从而产生注意错觉。当你仔细数着白衣人员传球次数的时候，就会尽可能撇除其他干扰物，因此就算"大猩猩"站在屏幕中央还大力捶胸，你也会无视它。

关于选择性注意，心理学上还有另外一个经典的实验：给墨西哥人和美国人看两组图片，一组是美国人熟悉的打棒球场面，一组是墨西哥人熟悉的斗牛场面，这些照片快速地交叉出现。实验结果是，84%的美国人只看到了打棒球的场面，而 74%的墨西哥人只看到了斗牛的场面。

还记得读中学的时候吗，总是会有同学在课堂上偷看课外读物，当他沉浸在精彩的小说情节中时，根本留意不到背后响起的、越来越近的班主任老师踩高跟鞋的声音。

每个人所注意到的，只是他想注意的部分。比如胖的人会注意别人的体型，矮的人会注意别人的鞋跟，当你买了张比亚迪电动车开上路的时候，你会觉得满街都是比亚迪的车。

选择性注意是人类的认知特征之一，人们会选择性地注意到环境中某一种信息或刺激，并且会忽略同时出现的其他刺激。

我们更加关心与自己固有观念一致的或自己关心的、需要的信息，忽视那些与自己固有观念不一致或自己不感兴趣的信息。

有效视野

驾驶员考试科目一的题库中，有道判断题：
"车速越高，有效视野越宽阔。"
答案是：错。

一般来说，在静止状态下，人的双眼视野可达到210°。在驾驶车辆时，随着车速的提高，驾驶员的双眼视野度数就会减小。在行车过程中，驾驶员的视力要比静止时差，随着车速的提高，驾驶员的有效视野会越来越狭窄。

医学上的视野，是指人的头部和眼球固定不动的情况下，眼睛观看正前方物体时所能看得见的空间范围，这被称为静视野。而眼睛转动所能看到的空间范围，被称为动视野。视野的大小和形状与视网膜上感觉细胞的分布状况有关，可以用**视野计**来测定视野的范围。

我们都知道，年长的驾驶员容易导致危险情况的发生，因为他们可能无法注意到眼角的信息。

视野计是用于生理教学测定眼球视野和用于医学眼科神经做必要测定的一种眼科专业仪器。

年长的步行者在行走时，也可能无法注意到周边的物体或人，他们的视觉世界比年轻人要小很多。

这是因为，我们的有效视野会随着年龄的增长而变小。

有效视野小并不仅限于老年人，年幼的孩子同样也很难把周围的整个视觉世界记录下来，他们的视野要比成人小很多。孩子往往只见树木不见森林，明明他的玩具就在眼皮底下的地板上，可他偏偏就是找不到。

广告盲视

想象你正准备参加一个面试，前台的工作人员递给你一张表，要求你填写一些基本资料。你低下头开始填写，等你填完表后抬起头把表交给他，他告诉你到旁边的会议室坐一会儿，等待面试开始。

这是一个很常见的工作场景。但如果我问你：你填完表后，有没有注意到工作人员换了？

其实，在你低头填表的时候，前台后的那个人藏了起来，另外一个人取而代之。这两个人是完全不同的两个人，他们的发型不同，长相不同，高矮不同，甚至连衣服的颜色也不同。

你简直不敢相信自己竟然没有察觉到，先前在你眼前的竟然是两个完全不同的人。直到给你看录像画面，你才不禁问道："怎么会这样？"

这是一个真实的例子。当时还在哈佛大学任教的丹尼尔·西蒙斯与其合作者丹尼尔·莱文进行了上述实验，约有 75% 的受试者完全没有察觉到眼前的人换了一个。

2012 年，市场研究机构 ComScore 发布了一份研究报告，指出在全球 12 家最大的广告主所购买的网络广告中，有 30% 的内容根本没有被人观看过，存在一个常被人们忽视的"广告盲区"。

广告盲区的产生，是因为网页的浏览者通常处于一种"搜索模式"中，网络广告对于他们的搜索内容显得无关紧要，故对其熟视无睹。弹窗广告同样也是无效的，因为你完全知道点击后会看到什么，所以当一看到弹窗广告时，你就会把鼠标移向那个小小的"×"。

有些广告，即使你盯着看，也无法进入意识之中，从而产生了视而不见的现象，也就是我们所说的广告盲视。

那些告知式的广告方式，反而使得接收广告的客户心生抗拒。这也就是很多命令式的文案往往无效的原因。

因此，文案不只要让客户看到，还要成功吸引他们的注意力，这样才能进入他们的意识。而比较有效的方式是，消除客户的抗拒，用隐藏的呈现刺激的方式，在无意识中影响客户的知觉和行为。

6.2 吸引是文案的第一性原理

如果你在电脑上处理过图像或者视频,那你一定知道,这对电脑的配置要求是很高的。

与电脑相比,人脑要处理的信息量就大多了。你只要一睁开眼,就无时无刻不在接收庞大的实时影像流。

眼睛就像摄影机一样。视网膜后面约 100 万个神经元细胞接收到这些光学信号,并对它们进行整理、排列。然后,信息被传到头部后下方大脑皮层的一个区域。在那里,专门的皮层神经细胞又来重新翻译这种信息,产生相应的电流活动,由视神经向大脑中枢传递。

来自体外和体内的各种信息,经过这样的编码和整理,就可以被我们的大脑完全接收,在大脑皮层神经细胞的参与下,将有无数同时的、协调的信号再现,构成我们的意识。

分子生物学家查尔斯·谢灵顿曾用一个很精彩的比喻来形容人的大脑,他说大脑就像"一部着了魔似的纺织机,上面有亿万只闪光的梭子,编织着一幅幅忽隐忽现的图案"。

大脑的资源是有限的,要应对如此复杂的世

界，大脑只能发展出一套处理信息的优先级机制。

因此，大脑会优先处理我们注意到的事物，精确地专注于自己在乎的事情，而忽视其他一切不相关的事物。

吸引子

俄罗斯教育家乌申斯基说："**注意**是心灵的唯一门户，意识中的一切，必然都要经过它才能进来。"

广告学中有一个经典的 AIDA 法则，即吸引注意（Attention）、引发兴趣（Interest）、激发欲望（Desire）和促使行动（Action）。这是国际推销专家海英兹·姆·戈得曼总结的推销模式，指一个成功的推销员必须把客户的注意力吸引到产品上，即使客户对所推销的产品产生兴趣，这样客户欲望也就随之产生，而后再促使他实施购买行为，达成交易。

广告的第一要务，就是吸引客户的注意力。毫无疑问，文案的第一要务也是吸引客户的注意力。如果文案有第一性原理，那一定是吸引。

你喜欢过一个人吗？

那种强烈的渴望，想要与他相见的冲动，以及被唤起的心理和生理变化，除了脸红心跳，还有莫名的欣快感。

注意是心理活动对一定对象的指向和集中，是伴随着感知觉、记忆、思维、想象等心理过程的一种共同的心理特征。

注意有两个基本特征：

一是指向性，是指心理活动有选择地反映一些现象而离开其余对象。

二是集中性，是指心理活动停留在被选择对象上的强度。

在罗曼蒂克的语境中,我们说,你被这个人"吸引"了。

你是不是依赖这个人,是不是信任他,和他是不是合得来,这些都是要经过深思熟虑才能做判断的。但吸引不同,你无法主动选择要不要被他吸引,而有没有被他吸引,也不是一件经过思考才能得出结论的事。吸引更像一件发生在你身上的事,你只能接受。

你为什么会被另一个人吸引呢?

从心理学来说,那是因为他的身上具有相对于你的吸引子。

吸引子是微积分和系统科学论中的概念。一个系统有朝某个稳态发展的趋势,这个稳态就叫作吸引子。例如一个钟摆系统,它有一个吸引子,这个吸引子使钟摆向停止晃动的稳态发展。

而对于我们喜欢的人来说,他的吸引子则主要有这些特征。

1. 好看

所谓**颜值效应**,是指我们容易被好看的人吸引。心理学家发现,人们会给外表出众的人加上可能是莫须有的光环,大多数人倾向于认为外貌俊美的人更讨人喜欢,更好相处。

2. 共性

所谓同频共振,是指世界上存在的任何物体都有振动频率,具有同样振动频率的物体会共振,

以貌取人是我们的天性。

颜值效应是指当一个人长得更好看时,人们会不由自主地认为他更诚实,更有教养,品格更好。

以及会产生共鸣。

我们会被与自己相似的人吸引,不论是人格、价值观、经历还是背景、兴趣和品位,我们都更偏爱那些与我们有很多共同点的人。不管有没有意识到,人们还是倾向于认为,相似的人更不容易产生冲突和矛盾,也更容易建立信任,实现相互理解和交流,这就是**相似效应**。

3. 投射

很多时候,我们被特定的人吸引,很可能只是一种投射。

在心理学中,有一种效应叫投射效应,指的是人们有将自身的特点、行为和想法,归因到他人身上的倾向。比如人际交往中的一见钟情,就是一种理想化的投射。

文案要有吸引力,道理也是一样的。首先要好看,即整齐、错落、有韵律。其次要与客户有共性,写客户所想。最后是应用投射,帮助客户进行情感转移。

> 俗话说,物以类聚,人以群分,说的是人们对和自己相似的人看着更顺眼,更容易和他们成为朋友。**相似效应**指的是人们在一开始了解对方时,通常会被在兴趣、身体特征、个性特征或态度等方面与自己相似的人吸引。

生命原力

回到人的本能,即使人类进化到今天,依旧保留了一部分原始的本能。

比如一个从来没有见过蛇的人,看到蛇的图片也会害怕。在视野中移动的物体,我们会天然对其保持警觉，因为对于人类的祖先来说，视野中发生的突然的移动，往往意味着致命的野兽袭击。

生存，从来都是第一位的。在这个信息大爆炸的时代，你的文案要想抓人眼球，吸引客户的注意力，一个比较有效的方法就是在文案中制造危险、反差等关于生存的内容，从而无条件地唤醒客户的注意力。

德鲁·埃里克·惠特曼在他的畅销书《吸金广告》中指出，人们有8大生命原力。

（1）生存、享受生活、延长寿命。

（2）享受食物和饮料。

（3）免于恐惧、痛苦和危险。

（4）寻求性伴侣。

（5）追求舒适的生活条件。

（6）与人攀比。

（7）照顾和保护自己所爱的人。

（8）获得社会认同。

惠特曼认为，很多失败的文案，在于一厢情愿地自我表白，但是客户从来都不关心你，他们只关心自己。而那些优秀的文案，大多很好地符合了客户的生命原力。

比如统昂曼仕德咖啡的"生命就该浪费在美好的事物上"，麦当劳的"我就喜欢"，美即面膜的"停下来，享受美丽"，表达的就是如何让自己活得更舒服。

而雪碧的"透心凉，心飞扬"，巴奴火锅的"服务不是巴奴的特色，毛肚和菌汤才是"，江小白的"从前羞于告白，现在害怕告别"，调动的是我们的味蕾，唤起对味道的记忆。

惠特曼的生命原力说，其实是有科学依据的。进化心理学家道格拉斯·肯里克在他的《理性动物》这本书中指出，在漫长的进化历程中，我们的祖先会遭遇各种各样的生存挑战，在每次挺过来后，幸存下来的祖先头脑中就保存了一种能应对这种挑战的心理机制。

肯里克把这种心理机制称为模块，他提出人的心智中有7个最重要的模块。

自我保护和避免疾病模块：这两个模块的功能是躲避致命威胁，延长生命。

社交模块和争取社会地位模块：这两个模块的功能是让你想办法活得比别人好一点，从而获取更多的生存繁衍资源。

择偶模块、留住配偶模块和育儿模块：这三个模块直接指导基因传承。

每一个模块就相当于我们的一种情绪，掌管着我们的思想和行为。所以，当客户看到这些模块信息的时候，他就会迅速被吸引，以及做出相应的决策和行为。

6.3　先假设客户不会看

2007年1月12日早晨,在华盛顿最为繁华的朗方广场地铁站,一位头戴棒球帽的男子在这里拉琴卖艺。他在人潮汹涌的地铁口演奏了45分钟,包括众多世界名曲。

隐藏起来的摄像机拍下了一切,在45分钟的时间内,共走过1 097个人,只有6个人停下脚步并听了一会儿。大约有20个人丢了钱,但他们丢了钱后继续赶路,男子一共收到了32美元。当这位男子结束演奏,安静离开的时候,没有一个人注意,没有一个人喝彩,也没有一个人认出他。

没有人知道,这位拉琴的男子就是知名小提琴音乐家乔舒亚·贝尔。他在现场使用的小提琴价值350万美元,演奏的曲目中甚至有小提琴史上难度最高的曲目。在地铁站演奏的两天前,他在波士顿一家知名剧院的演奏会门票全部售罄,且平均票价100美元。

贝尔潜伏在地铁站的演奏实验,是由《华盛顿邮报》策划的,这是一项关于人们感知、品位和优先选择习性的社会实验。从这个实验中,你能得到什么启发呢?

也许你会说，小提琴实在是太小众了，人们不喜欢听，认不出音乐家很正常。

但如果换作是你的文案，发布在地铁站的广告位上，你觉得路过的人们会停下来看吗？

很多人在写文案的时候，心里都在想：如果客户看我的文案，我该如何引导他们，怎么说服他们了解我的产品，怎么说服他们接受我的产品卖点。

而事实上，这个假设本身就不成立。如同在地铁站演奏的小提琴家，如果你的文案一开始就这样出发，那无论你怎么写，都是错的。

正确的做法是：先假设客户不会看。

标题

文案最爱犯的一个错误，就是站在自己的角度，认为客户都会看自己的文案，然后不断往里面"塞"东西，罗列一大堆卖点。其实，客户根本不会看，也不关心。

如果先假设客户根本不想看你的文案，也不想买你的产品，那么你的思维方式就会不一样了。

如果客户不看，你的文案就毫无意义。

这时，你就会思考：为什么客户对我的文案不感兴趣？他爱看什么内容？他的有效视野是什么样的？他会选择注意哪些信息？我的文案有吸引子吗？我的文案使用的是他的语言吗？

伯恩巴克说："我会极力在脑海中想象他们是什么样的人，用的产品是什么，如何使用。他们不会告诉你很多，所以你才要思考他们产生兴趣并购买商品的动机是什么。"

说回前面的地铁站实验，路过的人们肯定看到了小提琴家，听见了他的琴声。如果你的文案发布在地铁站的广告位上，路过的人们肯定能看见，但有没有进入他们的意识，就是另外一回事了。

客户都看向哪里？互联网的研究人员通过眼动追踪技术生成网页的**眼动热力图**，可以直观反映人们浏览和注视的情况。比如，即使放上一张再大的人脸，人们也会阅读它左面位置的文字。一条推特文字，人们最关注的是它的开始和结尾。在搜索页面中，前5个信息获得的"眼球"最多，人们的目光全部聚焦在大标题和广告页的图片上。

相关研究表明，在所有看到广告的人当中，有60%的人通常只会看标题。这也就意味着，如果你的标题没有吸引力，那你很有可能失去60%的客户。

奥格威说："除非你的标题能帮助你出售自己的产品，否则你就浪费了90%的金钱。"

移动互联网时代最大的特点就是信息过载，

眼动热力图主要用来反映用户浏览和注视的情况，也被称为眼动热点图或眼动热区图。

其可展示出被试者在刺激材料上的注意力分布情况。红色代表浏览和注视最集中的区域，黄色和绿色代表目光注视较少的区域。

要迅速吸引客户的注意力，你的标题一上来就要抓住客户的眼球。

标题即文案。很多金牌文案写一篇文章仅用半小时，但选一个标题却要花两个小时，原因就在这里。

如何取一个吸引人的标题呢？

脸书曾通过专门的测试，制定了一个最佳标题策略。

（1）在标题开头使用数字。

（2）通过限时优惠制造紧迫感。

（3）明确你的产品提议。

（4）提问，问题是客户迫切想知道的痛点。

市场策略专家格雷戈里·乔蒂根据大量的数据统计分析，总结出了英文中最有吸引力的5个动情词。

（1）You（你）。

（2）Free（免费）。

（3）Because（因为）。

（4）Instantly（立刻）。

（5）New（新）。

所谓动情词，就是一些可以吸引客户注意力，引发、提示和驱动他们行为的词。当你在文案中使用这些动情词时，会刺激客户的大脑，增加他们注意的概率。

我相信，你应该见过无数由这些词组成的标

题吧，每一次你是不是都被吸引了呢？

反差

"我从来不读《经济学人》，一名 42 岁的管培生说。"

这是《经济学人》的文案，你被吸引了吗？

"42 岁"和"管培生"，这种巨大的反差是最容易吸引眼球的。文案表达的意思很清楚，一把年纪了还在当管培生，都是因为他不思进取不看《经济学人》。潜台词则是看了《经济学人》，升职加薪当上领导不是梦。

在我们的大脑中，有个海马状突起区域，负责我们的认知和记忆。它会过滤我们看到的无关紧要的信息，所以只有极少的信息能真正进入大脑。其中，反差和反转类的信息，最容易进入大脑。

为什么我们容易被反差所吸引呢？

这是因为，人类的大脑对变化会产生强烈的反应。那些新奇的、惊人的、有创意的事物，会让大脑产生快感。

心理学上有个增减效应，指如果一个人一开始给别人的印象是不好的，但是后来又给别人带来好的印象，人们对这个人的评价就会比以往更高。

比如，一个从来不夸奖你的人，难得夸奖了你一句，你就会觉得更开心。但是平时总是夸奖你的人，今天也照例夸奖了你一句，你开心的程度却比不上前者。因为前者的反差感带给你的情绪波动更强烈。

如果你的文案没有变化，没有反差，没有零度的偏离，也没有熟悉的陌生感，那就很难让客户产生情绪波动，也就很难吸引人了。

对于今天的客户来说，那些"熟悉且正常"的文案沟通语境，已经无法引起他们内心的任何波澜。要成功吸引客户，并引发他们的购买动机，你不妨多制造一些有趣的、鲜明的反差。

比如劳斯莱斯的"在时速六十英里时，这辆新款劳斯莱斯汽车上的最大噪声来自它的电子钟"。这是奥格威创作的文案，至今仍为人们津津乐道，被奉为汽车文案经典。

奖励

当孩子学习不专心时，家长常常会通过物质激励让孩子更好地集中注意力。

毫无疑问，奖励有助于提高注意力。我们的大脑里有一个奖赏系统，当大脑接收到奖赏物质后，会给腹侧被盖区发命令，经前额叶皮质的调节，最终激活伏隔核区域的多巴胺受体，释放一定量的多巴胺，从而引起奖赏效应。

奖赏物质分为天然奖赏和药物奖赏，比如食

物、水、性和其他愉快性刺激，都能增加伏膈核区域多巴胺的分泌。

我们的大脑，会把新奇、意外、变化的信息，当作奖励，每看到一次，它就会分泌多巴胺。

为什么会这样呢？因为它可以帮助人类获得生存优势。

想想看，如果一条蛇突然出现，而一个人的大脑却毫无反应，那么这类人的基因就会被逐渐淘汰。为了生存，人类必须对反差、变化类的信息异常敏感。这种本能帮助我们的祖先在遭遇意外时，迅速决定是战斗还是逃跑。

以标题设计来说，使用对比、矛盾和冲突的3C法则，能比较有效地吸引注意力。

1. 对比（Contrast）

把两种特性截然相反的事物放在一起。你是A，我是B。比如大众银行的"不平凡的平凡大众"，铁达时的"不在乎天长地久，只在乎曾经拥有"。

2. 矛盾（Contradiction）

和人们的预期相反，你以为我是A，其实我是B。比如豆瓣的"你的不合群，都会变成合群"，阿桑的"孤单，是一个人的狂欢，狂欢，是一群人的孤单"。

3. 冲突（Conflict）

向相反方向运动造成的碰撞，发现A的不合

理，用 B 对抗 A。比如知乎的"有问题，上知乎"，神州专车的"除了安全，什么都不会发生"。

6.4　如果有人喊你的名字

2012 年 10 月末，飓风"桑迪"登陆美国东海岸，造成高达 750 亿美元损失。

灾难过后，一些新闻节目在电视上呼吁民众参与捐款。为了让人们更加积极地捐款，主持人就在节目中给这个飓风起了一大堆绰号。

心理学教授杰西·钱德勒对本次捐款数据进行了分析，他发现一个非常有趣的现象：如果某人名字的首字母刚好与飓风名字的首字母相同，那么他就更容易为飓风受灾区捐款。

比如，飓风的名字是 Rita，Robert、Rosemary 等名字首字母是 R 的人，捐款的可能性比那些名字首字母不是 R 的人高出 260%。

为了找到这两者的关系，钱德勒分析了过去所有飓风灾害的捐款记录，最终发现每一次的捐款记录都符合一个规律，若捐款人名字的首字母与飓风名字的首字母相同，则其捐款的概率比其他人大得多。

鸡尾酒会效应

为什么飓风的名字会影响人们的捐款行为，为什么名字首字母与飓风名字首字母相同的人会更愿意捐款呢？

这个问题的背后，反映了人类大脑的神奇之处。心理学中有个鸡尾酒会效应，指的是无论现场环境有多嘈杂，人们总能把注意力集中在与自己有关的信息当中，这种听力与注意力的自主选择现象，就是鸡尾酒会效应。

比如，当我们和朋友在一个鸡尾酒会或某个喧闹场所谈话时，尽管四周充斥着各种噪音，我们还是可以听到朋友说的话。同时，在远处如果有人突然喊我们的名字，或者以我们的母语讲话，我们也会马上注意到。

实验证明，人们对自己所关心的信息比对那些与自己无关的信息的听觉捕捉能力，要强出很多倍。比如自己的名字，熟悉的语言和声音等，都会在第一时间引发人们的关注。

想想看，当你拿到一张合照时，是不是在第一时间就能看到自己的身影？而在一张名单上，你是不是也能轻易找到自己的名字？

在生活中，如果你和一个陌生人首次见面，相互寒暄，通常会互相问名字，如果他和你姓氏相同，那就是"本家"了，你们一下子就会产生亲近感。

回到前面的飓风捐款现象，那些名字首字母与飓风名字首字母相同的人，因为对与自己名字类似的事物更加关注，更容易产生**同理心**，因此，他们更愿意捐款。

巡逻队和警卫队

由于信息处理能力的瓶颈，我们的大脑会有选择地关注所有信息中的一部分，同时忽略其他可见的信息。

科学家们围绕人类视觉进行研究，发现在人们的注意力系统中，其实有两个不同的方向在角力。一个是自上而下的注意力，另一个是自下而上的注意力。

自上而下的注意力，可以让我们有意识地控制自己的注意力，比如全神贯注地完成一个工作项目。

自下而上的注意力，能够让我们在不受控制的情况下立即被吸引。自下而上的注意力是在不知不觉中自然而然运行的，被感官刺激和预警线索驱动。

这两种注意力都是人类在进化过程中需要的。如果没有自上而下的注意力，人类就没有办

> **同理心**是一种设身处地的理解能力，它泛指心理换位、将心比心，是一种能够设身处地地对他人的情绪和情感有着认知性的知觉、把握及理解的一种情感表达。

法让自己专注起来，专心研究任何问题。而如果没有自下而上的注意力，人类就没有办法在做一件事情的时候，还能兼顾其他新发生的意外情况或刺激因素。比如你在公交站等车，专注地玩着手机时，如果没注意到一辆失控的轿车正在向站台驶来，那么后果肯定不堪设想。

很显然，自上而下的注意力是一种主动机制，而自下而上的注意力则是一种被动机制。它们就像我们大脑中的两支队伍：大脑巡逻队和大脑警卫队。

1. 大脑巡逻队

你喜欢什么，关注什么，大脑巡逻队就帮你搜寻这方面的信息。比如你买了某个品牌的衣服，你会发现，这个品牌好像很流行，大街上穿这个品牌的衣服的人随处可见。其实并非如此，只是因为大脑巡逻队搜集了很多相关信息，让你的感觉出现了偏差。

2. 大脑警卫队

而大脑警卫队则忠于职守，它们对所有来访信息都会进行严格筛查，然后决定哪些信息最终能引起注意。

毫无疑问，对于客户来说，你的文案要想成功通过大脑巡逻队和警卫队的排查，吸引他的注意力，那文案的内容一定要与他有关，对他有用。

也就是说，你传递的内容，要与客户的工作

或生活密切相关，对客户来说要有价值。

与客户有关

文案触达客户的过程，和你在嘈杂的鸡尾酒会上与一个人交谈是很相似的。

要让你的声音成为客户注意力的中心，把其他声音都变成背景音，那你的文案可以在以下3个方面着力。

1. 喊出客户的名字

多使用"我""你"等第一、第二人称，增强客户的**代入感**。

同时，大量植入姓氏、年龄、性别、位置、兴趣等个性化的信息，让客户感觉就像有人在喊他的名字一样，他就会投入更多注意力。

2. 交谈者的语言

如果你在和客户面对面交谈，那你肯定不会自吹自擂，夸夸其谈，而是会注意客户的感受，以及相互之间的交流方式。

因此，要使用交谈者的语言，询问客户问题，引导客户一步步理解你的诉求。

3. 自己人的语言

喜爱引起喜爱，这就是心理学中的互悦机制。使用客户熟悉的语言，会让他们感觉你就像自己人一样，从而产生注意力投射。

> 所谓代入感，是人的内心对外在相似部分的认同。心理学上把这种现象叫作投射认同，指把属于自己内心的东西放在别人身上以便与之产生关系。
>
> 关于代入感，还有一个解释是镜像神经元，让人可以从周围人身上寻找与自身相同的特征，同时也可以将自身特征投射到周围人身上，甚至可以体验别人的经历与情感。

比如 2019 年春节期间，电影《小猪佩奇过大年》的制片方发布了一个《啥是佩奇》的宣传短片，视频中不善表达的农村爷爷操着河北口音说"什么是佩奇呀"，瞬间就戳中人们的笑点和泪点，让人想家。

那些使用第一、第二人称，以"我"或"你"的角度写出来的文案，更容易让客户与自己的经历联系起来。

比如 2017 年环时互动为京东金融创作的"你不必"经典文案，通过一系列的排比手法，直接关联"你"，让人读来深有共鸣。

"你不必把这杯白酒干了，喝到胃穿孔，也不会获得帮助，不会获得尊重。

....

你不必在过年的时候衣锦还乡，不必发那么大的红包，不必开车送每一个人回家。

你不必承担所有责任。

不必为拒绝借钱给朋友而过意不去。

不必为父母的节俭而内疚，不必向路边的每一个乞讨者伸出援手。

你不必刻意追求传说中的彼岸和远方，每一个你想抵达的地方，都有人和你一样想逃离。

你不必在深夜停车之后，在楼下抽支烟再回家。

你不必背负那么多，你不必成功。"

在很多公司管理者眼中，长文案是很不受待见的。奥格威经常会写一些长文案，有一次他的想法遭到了广告主的极力反对，广告主认为受众根本不会阅读长文案。

奥格威说："我可以写一篇 3 000 多字的长文案，让你能一字不落地读下来。很简单，只需要在文案中提及几十次你的名字就可以了。"

6.5　嘘，偷偷告诉你一个秘密

"五辆专列悄悄进京……"

"一夜之间，北京的井盖全消失了。"

"两年前，有人把巨款悄悄埋入地下。"

2005 年 6 月，北京的很多报纸都用整版刊登了带有上述标题的广告，迅速吸引了无数人的目光，勾起了人们的**好奇**心，一下子成为市场热点。

这是揽胜广告为北京星河湾豪宅楼盘推广创作的文案。看到这样的标题，你是不是也感觉瞬间抓住了你的注意力，很想往下看呢？

这里摘抄其中一部分，你可以感受一下。

"一夜之间，北京的井盖全消失了。

消失了，什么都没有了，那些与井盖相关的记忆全失去了，没有人再感怀失去井盖以后那吞

好奇是人的一种对于知识或信息的渴望。这种渴望可能源于人的本性，也可能源于外在的刺激。
心理学家乔治·罗文斯坦提出，人们的好奇实际上源于信息差距。差距越小，就越好奇；知道的越多，好奇心就越强。

噬人的骇人的洞口了。

清静的夜晚，再也听不到汽车压井盖时发出的难听巨响了。

井盖全消失了，之前谁都知道井盖话题是一个社会问题。

拥有尖端太空技术的人类，无法处理城市井盖管线体系的头疼问题吗？

井盖只能大量盘踞在道路中央吗？

大家都认为路中间有很多突起的青春痘好看吗？

井盖消失了，它们真的消失了，在北京星河湾，在北京星河湾能够比常规的道路降噪80%的特殊工艺铺就的路面上。

井盖消失了，出于一套复杂的技术支持，出于一个朴素单纯的愿望：'走在路上，谁愿意人和车总是有忧患意识呢？'

星河湾，开创中国居住的全成品时代。"

整个文案，没有提及高端、尊贵、品位、稀有、奢侈等特点，只说了一个细节，那就是星河湾特殊工艺铺就的路面，没有井盖，降噪80%。

其实，这就是豪宅。

潘多拉效应

古希腊有个神话故事，说的是主神宙斯给一

个名叫潘多拉的女孩一个盒子，告诉她绝对不能打开这个盒子。

潘多拉就想：为什么不能打开？而且是"绝对"不能打开？里面该不会藏着稀世珍宝吧？潘多拉越想越好奇。

憋了一段时间后，潘多拉终于忍不住把盒子打开了。谁知盒子里装的是人类的全部罪恶，打开后它们全都跑到了人间。

心理学中把这种"不禁不为、愈禁愈为"的现象，称为潘多拉效应。

潘多拉效应背后的心理实质，就是人们的好奇心。

和我们天生会吃饭睡觉一样，好奇心是人类生存所必需的，是人类的本能。因为有安全的环境人类才能生存，而好奇心就是用来探索未知，确认周围环境哪里安全哪里危险的。

好奇心是人类的本能，比如明明害怕，还要去研究火焰，明明不能吃，还要去制作石器。好奇心就是一种力量，不断推动着文明的发展，支撑着每个人去拓宽生命的厚度和宽度。

为什么我们会如此好奇？天体物理学家、作家马里奥·利维奥对好奇心很感兴趣，所以他写了一本书叫《好奇心的秘密》。利维奥的研究表明，好奇心分为两种。

1. 知觉性好奇

这是由新奇的视觉或听觉上的刺激引起的，是一种令人不悦的状态，就像你感觉身上有点痒，必须挠一下。

当有些事情让我们感到惊奇，或者有些事情并不符合我们的认知时，我们就会产生这种好奇心。比如雀巢的一则文案，标题是"向凌晨4点起床的奶牛致敬"，使得人们必须去看详细内容，才能缓解心中的好奇。

2. 知识性好奇

这是由知识上的不确定性引起的，是一种放松的状态，充满**愉悦感**，带着对奖赏的期待。

知识性好奇，是我们对于那些有确定答案的事情产生的好奇心。就像在学校里读书，你知道标准答案就在那里，只要花费时间和精力就能得到，它刺激你的大脑不断分泌多巴胺，激励你去寻找答案，最终获得知识。

认知闭合需要

不知道你有没有这样的经历？

广播听到一半，正在精彩处，突然听到一句"且听下回分解"。电视上正在播放的电视剧，在你意犹未尽之时，却戛然而止。

这时候你一定会心情烦躁，很想看到后面的

愉悦感是指一种令人感觉良好，令神经活跃的正面情绪。

在心理学家看来，人类的愉悦感，与大脑产生奖赏效应的神经回路有关，这是人类的本能，是人类为提高生存能力而进化出来的反馈激励机制。

结局吧？

1927年，心理学家布鲁马·蔡格尼克在威尼斯一家咖啡厅喝咖啡的时候，发现了一个有趣的现象，服务生可以不借助任何工具，包括纸和笔，就能记下客人冗长的菜单。她很好奇地采访了这些服务生，却发现他们只要一下完单、点完菜，就不记得刚才的菜单了。

这个奇妙的现象，引起了蔡格尼克的研究兴趣。她据此进一步做了一个实验，让参与者做22件不同的工作，比如写下一首小诗，或者串几串珠子，但是完成每件事的时间要非常短，通常要在几分钟内完成。同时，她还做了一个设置，在这22件事情中，只能有一半的事项被允许完成，另外一半则在完成过程中会被打断。

实验完成后，研究人员马上去问这些参与者，刚才做了哪22件工作。结果大多数人对于未完成的事项记住了68%，而对已完成的事项只能回忆起43%。

未完成的事情比已完成的事情被更加深刻地记住，这种现象就叫蔡格尼克效应。

对此，心理学上的解释是，这是一种对未竟之事的紧张感，对有始有终的追求，也是人们对新奇事物的渴望及对希望得到解答的强烈诉求。

陈奕迅的歌曲《红玫瑰》中，有这样一句歌词："得不到的永远在骚动，被偏爱的都有恃无恐",说的就是这个道理。

1993年,马里兰大学的社会心理学家奥里耶·克鲁格兰斯基提出认知闭合需要理论,指的是个人在应对不确定的情境时,对于确定性答案的强烈渴望。

简单来说,认知闭合需要就是指我们受不了一个问题没有答案。因此,我们需要找到一个简单明确的答案来避免焦虑。

著名社会心理学家罗伯特·西奥迪尼就说:"人们天生有一种想达成认知闭合的倾向。"换句话说,一件事没有完成,就好像你想画一个圆,却眼看着它没能封口,你会感觉很难受。

想象一下,如果你的同事或朋友对你说:嘘,偷偷告诉你一个秘密。这时你的好奇心就被吊起来了,你就会很兴奋,着急地问道:快说,是什么秘密呀?

很多文案难以吸引客户的注意力,就是因为没有引发客户的认知闭合需求。

比如在标题中使用新、数字、变化、不同等词语,以及使用设问、悬念、留白、对比、反差等手法,就能吸引客户的注意力,让他们主动关注你的文案。

比如新华社公众号的这个标题:"最新!新增确诊病例54例,其中本土30例,在这几个地方",标题中使用了"最新""54""30""这几个"等词语,让人看了后就想点开看看,到底是哪几个地方出现"新增"了。

文案对于客户来说,更多是一种被动的信息接收。要打破客户的被动心理,让他们主动关注你,那你的文案就要让他们产生**期待感**,刺激他们一探究竟,并享受获得新认知、新信息、新经验的满足和愉悦。

> 所谓**期待感**,就是一种很期待的感觉。
>
> 文案很重要的一点,就是要制造和增强客户的期待感,激发他们的完成欲,把强烈的情绪转化为强大的动力。

6.6 老板,我给你讲个故事

一个漆黑的夜晚,一条南方的麻石巷,一对挑着货担的母女,一盏左右摇晃的煤油灯。

伴随着一声亲切而悠长的"黑芝麻糊哎"的吆喝,一个穿着棉布长衫的小男孩兴奋地跑来,用渴求的眼神望着锅中浓香四溢的芝麻糊。

一段深情的念白响起:"小时候,一听见芝麻糊的叫卖声,我就再也坐不住了。"

只见小男孩边搓着手心,边迫不及待地期盼着热气腾腾的芝麻糊。

大婶给小男孩舀了一勺芝麻糊。他忽闪着大眼睛,捧着碗大口享用起来,还意犹未尽地把碗底舔个精光,引得一旁的小女孩忍俊不禁。

大婶又怜爱地给他多舀了一碗,并替他抹去

嘴角的芝麻糊。

此时，画面中再次传来男声旁白："一股浓香，一缕温暖，南方黑芝麻糊。"

这是 1991 年南方黑芝麻糊在中央电视台等平台上投放的 30 秒广告，以独具匠心的创意和温情走心的故事，一夜之间征服了电视机前的男女老幼，帮助南方黑芝麻糊从一个名不见经传的地方品牌，蜕变为火遍大江南北的知名品牌。

在电视屏幕上，不只是电影、电视剧、综艺节目在讲故事，那些让人目不暇接的广告，也在用生动形象的故事吸引人们的注意力，调动人们的感官体验，激发人们的情绪。

还记得这个经典的电视公益广告吗？

睡觉前妈妈给儿子洗了脚，然后又去给自己年迈的母亲洗脚，这个情节被孩子看在眼里，小小年纪的他给妈妈打来一盆洗脚水，用稚嫩的童声叫着："妈妈，洗脚。"

这个广告曾获 CCTV 国际电视广告大赛公益广告作品金奖。父母是孩子最好的老师，广告以清醇朴素的故事，表达了"将爱心传递下去"的主旨，看后让人感到无比温馨。

渴望故事的动物

1944 年，心理学家弗里茨·海德和玛丽安·西梅尔做了一个里程碑式的实验,在实验中,参与者将观看一段动画短片。这部影片很简单,就是3个黑色的几何图形(2个三角形,一大一小,1个圆形)围绕着1个有开口的矩形运动。

看完影片之后,参与者要描述他们看到的内容。有趣的是,114名参与者中只有3名给出了真正合理的答案,就是几个图形在屏幕上四处移动。而在其他参与者眼里,这些图形似乎有血有肉,他们赋予这些图形人格和行为目的,并讲出了完整的故事,比如"一个男人计划见一个女孩,两个男人开始争斗,女孩开始担心,从房子的一角跑到另一角"。

在这之前的1918年,电影制作人库里肖夫剪辑了一部类似的影片,他将俄国著名演员莫兹尤辛在一些旧电影中的镜头片段重新剪辑,尝试将一个镜头分别与一碗汤、玩游戏的孩子和老妇的尸体接在一起,在这组镜头的三个画面中,莫兹尤辛一直面无表情。

随后,库里肖夫将这组画面放给观众看,观众面对相同的表情,却给出了完全不同的解读:在面对汤盘时,他们在沉思;在面对逝者时,他们陷入悲伤中;在面对玩耍的孩子时,他们无比愉悦。然后,他们大赞莫兹尤辛的演技之高。

为什么对于移动的几何图形,不同的场景下相同的表情,人们竟然给出了完全不同的解读呢?

这两个实验表明，人类这种动物是多么渴望故事，我们热衷于将故事结构强加在丝毫没有意义的混合画面上。

乔纳森·歌德夏在他的《讲故事的动物》一书中指出，故事造就了人类社会。讲故事是人类在面对大自然和社会复杂情况时的生存本能，大脑在接收故事情节的同时学习并强化了自身对未知情境和各种棘手事件的反应，也促进了人类大脑的进化。

毫无疑问，故事让信息更有传播力。同时，故事让品牌和产品更有温度，影响我们的消费逻辑和行为。

故事为何吸引我们

古时候，我们的祖先喜欢围坐在火塘边，聊八卦与说故事，从神话故事、历史传奇到狩猎中的趣闻，他们用故事消磨时间，故事给他们带来无限欢乐。

作家瓦尔特·本雅明在《讲故事的人》中说：事实上，讲故事的艺术有一半就在于，当一个人复述故事时，无须解释。

故事最早所具有的客观价值，让人类经验能够更好地流传。而通过故事，尤其是神话故事，人们找到了社会文明最初的秩序，获得了亲密与连接,以及在面对不确定的自然变化时,有所依靠,获得安全感。

关于故事,好莱坞编剧教父罗伯特·麦基有一个定义:一系列由冲突驱动的动态递进的事件,给人物的生活带来了意义重大的改变。

从儿时起,我们就喜欢听故事,因为故事充满了矛盾和冲突,新鲜而又安逸,一反我们那些一成不变的经历和程序化的操作流程,甚至让我们有做白日梦的感觉。

针对人们为什么会被故事所吸引,科学家们做了很多研究,其中最能解释故事魅力的一个理论便是心理理论。

1978年,普雷马克和伍德拉夫在对黑猩猩的实验研究中,提出了心理理论的概念,就是指人们有凭借一定的知识系统对自身或他人的心理状态进行推测,并据此对行为做出因果性解释与预测的能力。

简单来说,就是以我心换他心。人们都有了解他人想法和感受的愿望,也有实现这种愿望的能力。当我们看一个故事且能看懂时,我们等于在大脑里把故事中的事件模拟了一次。

故事化文案

在2016年的浙商总会年会上,马云想告诉大家,当经济形势不好的时候,要客观和理智。

但他没有直说,而是讲了一个故事。

"暴风雨来的时候,有三个人,其中一个人有把很好的伞,一个人有件很好的雨衣,还有一个人,既没有伞,也没有雨衣。

有雨衣和伞的人就跑了出去,结果一个摔坏了腿,一个摔坏了腰。那个什么都没有的人,只是花时间躲了两个小时的雨,松动松动筋骨,等雨停了跑出去,他反而是最先到达目的地的。"

没有人喜欢听道理,客户也不喜欢听你讲冷冰冰的产品卖点。但是,如果你能把产品卖点用故事的形式讲出来,效果就会不一样。就像你在一个产品推介会上,面对昏昏欲睡的客户,你如果说:老板,我给你讲个故事。你看看,客户的注意力是不是马上就集中了。

对于客户来说,听故事用的是直觉性思维,通俗易懂,不费力气。同时,由于是故事,是发生在别人身上的事情,他便会放下戒备心。

于是,故事就会很轻松地绕过客户的心理防线,让他们产生代入感,从而实现共情。

克莱蒙研究大学神经经济学研究中心主任保罗·柴克博士指出,故事对人具有**生物效应**,能够刺激大脑分泌催产素,这是一种与信任感有关的荷尔蒙。

生物效应是指某种外界因素(如生物物质、化学药品、物理因素等)对生物体产生的影响。

故事是文案最好的催眠术，它不只是吸引客户注意力的抓手，更是含蓄、间接地引发客户共鸣的得力武器。

有一个针对 TED 演讲者的研究显示，在一个好的演讲里面，故事的比例应该占 65%，其他分别是逻辑占 25%，人格占 10%。这个数据也显示了，往往触达我们内心深处的，都是那些能够打动人心的故事。

沟通大师卡曼·盖洛在他的《跟 TED 学表达，让世界记住你》一书中，提出了三个简单有效的故事类型。

1. 自己的故事

这类故事主要和自己有关。

2. 别人的故事

这类故事主要和受众有关。

3. 产品或品牌的故事

这类故事主要跟产品或品牌的成败有关。

在这三个故事类型中，最能够触动人心的是自己的故事，其次是别人的故事，最后才是产品或品牌的故事。

江小白的文案，有人戏称"文案比酒好喝"，比如"肚子胖了，理想却瘦了""遇见是开始，也是离别的倒计时""最想说的话在眼睛里，草稿箱里，梦里和酒里"。分析江小白的文案可知，其侧重情感输出，营销痕迹较少，习惯用人们熟悉的故事让人产生共鸣。

今天,高速的网络让视频流行起来,当故事化的文案与短视频平台相遇时,将碰撞出高效而又深入人心的火花。

比如2020年中秋节前夕,碧桂园在抖音上发布了一个名为《你,为什么回家》的短片,用小人物的归家之旅展现了四个关于回家的故事,牵动了千万网友的思乡情结。短片刚上线几小时,点赞量就突破两百万次,热评达到十几万条,巧妙传递了"家圆,团圆,碧桂园"的品牌价值诉求。

本章扩展阅读

[1] 德鲁·埃里克·惠特曼. 吸金广告[M]. 焦晓菊, 译. 南京:江苏人民出版社, 2014.

[2] 道格拉斯·肯里克, 弗拉达斯·格里斯克维西. 理性动物[M]. 魏群, 译. 北京:中信出版社, 2014.

[3] 马里奥·利维奥. 好奇心的秘密:天才是如何炼成的[M]. 许佳, 译. 北京:中信出版社, 2022.

[4] 乔纳森·歌德夏. 讲故事的动物:故事造就人类社会[M]. 许雅淑, 李宗义, 译. 北京:中信出版社, 2017.

[5] 瓦尔特·本雅明. 讲故事的人[M]. 方铁, 译. 北京:文津出版社, 2022.

[6] 卡曼·盖洛. 跟TED学表达, 让世界记住你[M]. 罗雅萱, 刘怡女, 译. 台北:先觉出版股份有限公司, 2014.

第 7 章

摁下客户的"购买按钮"

大家买的,是东西后面的为什么。
——西蒙·斯涅克,黄金圈思维发现者

文案人员忘了他们也是销售员,他们试着做表现者,他们追求掌声而不是销售。
——克劳德·霍普金斯,广告大师

成功的秘诀就在于懂得怎样控制痛苦与快乐这股力量,而不为这股力量所反制。如果你能做到这点,就能掌握自己的人生,反之,你的人生就无法被掌握。
——安东尼·罗宾斯,心理学家、世界级激励大师有一个老板在美国的亚利桑那州开了一家卖印第安珠宝的商店。

当时正值旅游旺季，商店里顾客盈门，很多商品都卖得不错，但是有一种绿松石珠宝却很奇怪，总是卖不出去。

老板为了卖掉它们，使用了很多销售技巧。比如，把它们移到更显眼的展示区，以引起人们的注意。他还嘱咐营业员，要大力推销这些宝石，但都没有任何成效。

一天，这个老板要出城采购新的商品，在出发的头一天晚上，他气急败坏地给营业员留了一张字迹潦草的纸条："本柜所有物品，价格乘以1/2"，希望能借此把这批讨厌的珠宝卖掉，哪怕亏本也行。

几天之后，老板回到商店，不出所料，珠宝全都卖掉了。但让他惊讶的是，珠宝并不是以价格的1/2卖掉的，而是以价格的2倍卖掉的。

因为营业员没有看清老板潦草的字迹，错将纸条上的1/2认成了2。

这是一个真实的故事，出自心理学家罗伯特·西奥迪尼的畅销书《影响力》。这个老板是西奥迪尼的朋友，绿宝石起初卖不出去，售货员在误会中把价格抬高一倍，顾客却一拥而上买了个干净。

7.1　说服别人为何那么艰难

说来真是有点荒唐，把价格涨一倍就能让难卖的产品清仓，营销是不是也太简单了？

但如果换作是你的产品，你也敢把价格调高一倍，并有信心全部卖光吗？

我相信你不敢。

很多成功并不是必然的，而是存在**幸存者偏差**。如果你没有搞清楚其中的逻辑，上来就简单复制，失败就是必然的了。

先不论你要说服客户掏出钱来，购买你的产品，就连让别人接受你的观点，都不是一件容易的事。

有一本广告学专著，叫作《广告：艰难的说服》。这个书名让人印象非常深刻，因为它道出

幸存者偏差是一种常见的逻辑谬误。当获得资讯的渠道仅来自幸存者时，此资讯可能会与实际情况存在偏差。

很多被争相效仿的成功案例，其实可能只是因为偶然原因幸存下来了而已。

了一个常识：要说服一个人，实在太难了。

我们的文案，要穿越各种媒介渠道，才能被送到客户眼前。要让客户把注意力集中起来，阅读你要表达的信息，本身就是一件很难的事情，更何况还要说服他，改变他之前的认知。

说服的两大障碍

为什么说服一个人那么难呢？

以面对面的两个人来说，当你想要把你的信息传递给对方时，其实会经历这样的路径：

你的思维➔你的语言➔对方耳朵➔对方思维➔符合对方思维定式的内容

这就像一个沟通的漏斗，信息在传递过程中，会出现逐级衰减的趋势，即**漏斗效应**。

比如你心里想的是 100% 的信息，但用语言表达出来的只有 80%，进入对方耳朵的只有 60%，真正能被他理解消化的信息大概只有 40%，等到他展开具体行动时，只剩下不到 20% 了。

桥水基金创始人瑞·达利欧在《原则》这本书中，提到了影响合理决策的两个最大障碍，这也是我们说服一个人的两大障碍。

1. 自我意识

这是一个人潜意识中非常顽固、非常深层次

> **漏斗效应**原本是物理学中的一个名词，在日常生活中，这是一种很常见的现象，每个人都能感知得到。信息传递就像漏斗一样，呈现出一种由上而下的趋势。每个人想表达的内容，并不一定能完全传递给对方。

的心理和生理防卫机制。大多数人的大多数决策，都是以"我"的视角、"我"的喜好、"我"的对错、"我"的经验来进行的。

即便是那些很聪颖的人，也不例外。

2. 思维盲点

人们总是以自己的方式看待事物，所以很自然，你无法理解自己没见过的东西。比如，一些人能看到大图景但看不到小细节，另一些人能看到小细节但看不到大图景；一些人习惯线性思维，另一些人习惯发散性思维等。

更复杂的是，尽管人人都有思维盲点，但没有人愿意承认这个事实。当你指出某个人的思维盲点时，他的反应是很激烈的，就像你指出他的身体有缺陷一样，会让他感到很不舒服。

律师机制

2022年，很多城市都开展了老年人防诈骗宣传活动，宣传文案都很走心，比如"守住养老钱，幸福过晚年""图小便宜吃大亏，天上不会掉馅饼"等。

我家里就有老人迷上所谓的"人体充电"，我告诉她这是诈骗，但她非要相信骗子，拦都拦不住，还认为我不孝顺，她花了1万多元买了一台商家推销的电器设备在家里使用。

心理学上有一个效应，叫作确认偏误。意思是，如果你已经开始相信一个事物，你就会主动寻找能够增强这种信任的信息，而忽略那些否定这种信任的信息，甚至枉顾事实。

确认偏误是我们思维的一种谬误，专栏作家丹·加德纳在他的《愚言未来》一书中，介绍了一个很有意思的实验。实验者给每个受试学生发了一套性格测试题让他们做，然后根据每个人的答案给其各自整理出来了一份"**性格**概况"，让学生评价这个概况描写得准不准。结果学生纷纷表示这个概况说的就是自己。

而事实是，所有人拿到的"性格概况"都是完全一样的！人们会自动看到概况中说的跟自己一样的地方，并忽略不一样的地方。

为什么我们会如此偏误呢？

列纳德·蒙洛迪诺在《潜意识》这本书里说，人们在做判断的时候，其实有两种机制。

1. 科学家机制

就是先有证据，再下结论，在没有充足的证据之前，不急于下定论。

2. 律师机制

就是先有了结论，再去找证据，如果碰到和结论不符的证据，就选择"我不听"。

蒙洛迪诺指出，这个世界上绝大多数人都采用律师机制，采用科学家机制的人很少。

> **性格**是一个人对现实的稳定的态度，以及与这种态度相应的、习惯化了的行为方式中表现出来的人格特征。
> 性格不同于气质，更多体现了人格的社会属性，个体之间的人格差异的核心是性格的差异。

科学作家万维刚在他的《万万没想到》一书中，也讲了一个实验。研究者根据某个容易引起对立观点的议题，比如是否应该禁枪，伪造了两篇学术报告，受试者只能随机地看到其中一篇。这两篇报告的研究方法乃至写法完全一样，只是数据对调，这样其结果分别对一种观点有利。受试者被要求评价其所看到的这篇报告是否在科学上足够严谨。

结果显示，如果受试者看到的报告符合他原本就支持的观点，那么他就会对这个报告的研究方法评价很高。但如果报告持有的是他反对的观点，那么他就会给这个报告挑毛病。

在社交媒体高速发展的今天，网络技术为人们带来便利的同时，也无形中给人们打造出一个封闭的、高度同质化的"回音室"，即**回音室效应**。网民倾向于选择他们认同且令自己愉悦的信息，容易出现认知偏见甚至偏执极化，更加大了说服的难度。

回音室效应是由心理学家凯斯·桑斯坦提出的。指的是在一个相对封闭的环境中，人们经常接触相对同质化的人群和信息，听到相似的评论，倾向于将其当作真相和真理，在不知不觉中窄化自己的眼界和认知。

7.2 有个摁下就购买的按钮

面对客户的自我意识、思维盲点，以及律师机制等，你是不是很沮丧呢？

其实你也不必太过沮丧，在客户的大脑中有一个"购买按钮"，就像按下播放键机器就会播放音乐一样，摁下这个按钮，客户就会购买。

购买按钮是神经营销中的一个猜想，这个猜想认为，人的大脑中可能存在一个按钮，它为人们做出购买或不购买的决定。

任瓦茨在《销售脑》中提出，神经营销的重点是一个原始大脑的区域，在那个区域里，人们的购买完全出于恐惧。因此，许多人类的特征应该被认为是强大的购买按钮。比如，人们以自我为中心、渴望对比、很懒、喜欢故事、视觉优先，以及认为情感胜于事实等。任瓦茨说，这些特征表现会促使客户做出更快的选择。

从文案的视角来看，购买按钮完全可以被称为史上最伟大的文案猜想。只要深入了解人类的心理特征，就能帮助我们迅速提升文案能力。

叶茂中在《冲突》中也提出过一个触点的概念，触点就如同营销的开关，预埋在客户的左右脑的交界处，一旦开启就能引发客户的认同感，从而促成购买。在叶茂中看来，触发购买的源头，就是藏在客户脑海中的提示他相关概念、想法、经验的"小东西"，也就是触点。

中央路径和边缘路径

人们并没有自以为的那么理性，就像快思慢想一样，人们常常出于感性，冲动地做出不靠谱的决策。

比如，动作明星阿诺德·施瓦辛格要竞选加州州长，约翰研究了施瓦辛格的政治主张，还去现场听了施瓦辛格的竞选演讲，觉得施瓦辛格关于解决官僚腐败、制定财政预算上限、加强加州教育等的竞选纲领很好，于是郑重地投了一票，希望施瓦辛格当选能给加州人民带来切实的好处。乔伊斯是个追星族，他觉得施瓦辛格强壮健美，演的电影都很好看，他觉得施瓦辛格应该能做好州长的工作，于是也投了一票。

可见，施瓦辛格的宣传成功说服了约翰和乔伊斯这两个人，但是他俩被说服的方法和路径却是完全不同的。

1979年，社会心理学家理查德·佩蒂和约翰·卡乔波提出了详尽可能性模型（ELM），这是消费者信息处理中最有影响力的理论模型之一，也被称为双模式理论，用以解读人们是如何被说服的。他们认为，说服方式分为两个路径。

1. 中心路径

指对产品相关的信息仔细思考、分析和归纳，然后形成态度或改变态度。

中心路径是一种提供证据的说服方式，可以理解为"证据型说服"，其结果比较容易预测。

2. 边缘路径

边缘路径正相反，指没有认真考虑产品本身

的特点，而倾向于借助产品的其他边缘属性，比如明星代言、专家背书等给出自己的判断。

边缘路径可以理解为"刺激型说服"方式，它很少或者完全不提供证据，而是诉诸情感，其结果相对难以预测。

人们具体选择哪一种路径，主要取决于面对信息时具备的动机和能力，当动机和能力有一项不足时，就会选择边缘路径。

文案**说服**，兵分两路，一路是证据型说服，一路是刺激型说服。任瓦茨的购买按钮和叶茂中的触点，就是刺激型说服。

通常来说，两个路径同时展开，说服效果是最好的。也就是我们常说的：感性打动，理性沟通。

当下优秀的文案，基本都是利用感性内容挖掘客户的情感需求，吸引和打动客户，唤起他们的情感共鸣的，然后通过理性内容准确完整地传递产品信息，引导客户进行对比分析，最终达成合理判断，以理服人。

比如Beats耳机，2019年其新款耳机Powerbeats Pro的广告语是："放开去表现"，和它之前一贯的时尚调性相似，很有张力。而理性沟通部分则是："高性能运动耳机，为颠覆你的运动体验而造""电力持久，每边耳塞的使用时间最长可达9小时""自动播放功能，方便你立即

> 说服是一个心理学名词，是通过向对方说理，使之接受，试图使对方的态度、行为朝特定的方向改变的一种影响意图的沟通方式。说服是一种改变他人态度最有效的方法，也就是态度转变。
>
> 说服的经典模型，除了详尽可能性模型，还有霍夫兰德的改变—说服模型，该模型认为构成态度改变的4个基本要素是：说服者、说服对象、说服信息和说服情境。

开始训练"等。

2022年,锐澳邀请张子枫做代言人,展现了一系列产品的微醺场景故事。其中草莓乳酸菌伏特加风味的感性打动方式是这样的:

"就这样慢慢等月亮出现吧

反正我和这杯酒

都不赶时间

微醺,就是把自己还给自己"

理性沟通部分的文案是:

"清新奶甜

一口初恋滋味

清爽酸甜的草莓乳酸菌

碰撞顺滑清冽的伏特加"

很显然,说服不只是说理。说理注重的是过程,而说服则着眼于结果。好的说理要求真实、逻辑合理、论据可靠。然而,即便是好的说理,也不一定能起到说服的效果。相比之下,采用边缘路径,从客户的情感入手,更容易达到目的。

我还记得当年参加辩论赛时,指导老师告诉我,辩论赛中有两个基本原则:第一个原则是你永远不要试图说服对手,第二个原则是你要说服的是观众和评委。

和辩论赛一样,文案要学会在客户能感知的

地方做加法，在客户无法感知的地方做减法。因为所有文案的任务，并不是和客户说理，而是让他们在很短的时间里做出购买的决定。

从重度决策到轻度决策

系统论中有简单系统与复杂系统之分，比如：
1+1=2，这是简单系统；
而 1+1>2，就是复杂系统了。

复杂系统是多个对象构成的系统，并且对象之间能够相互影响，进而使得整个系统出现"涌现"现象。比如，水分子在一起形成漩涡。

对应到人们的购买决策，也有简单系统决策和复杂系统决策之分，我们把它们称为轻度决策和重度决策。

1. 轻度决策

指面向简单系统问题解决而展开的决策。比如针对刚需、高频、价格便宜的产品的决策。

轻度决策存在可以量化的决策目标，或者尽管难以量化，但是存在显式的目标。

2. 重度决策

指面向复杂系统问题解决而展开的决策。比如针对非刚需、低频、价格贵的产品的决策。

重度决策总是以系统的目标形式出现，但复杂系统的目标往往是模糊的或缺失的，决策过程

> 涌现理论的主要奠基人约翰·霍兰德在《涌现》一书中指出，涌现是一个系统中个体间预设的简单互动行为所造就的无法预知的复杂现象。
>
> 简单来说，涌现效应是指当大量个体聚集在一起时，个体之间产生相互作用，从而使整体拥有了和个体完全不同的新属性或新模式。就像背单词，你背会 500 个单词也许没什么用，但是当你背会 1 万个单词时，效果就很明显了。

很长，会让人出现不安的感觉，使决策效率降低。

我们都知道，在现实世界中，复杂性是普遍存在的。但我们的大脑极度讨厌复杂的东西，大脑喜欢简单的东西，倾向于不费力气就完成决策。

因此，文案要做的，就是帮助客户降低决策难度，即从重度决策转化为轻度决策，从而让客户可以更快、更容易地做出决定。

比如买房这件事，对于一个购房者来说，是人生的一件大事，要掏光家里很多人的钱包。他要选择一个楼盘，需要考虑很多要素，比如价格、区位、户型、面积、楼层、朝向、交通、教育、医疗等，决策是非常复杂的。

如果你把每个要素都分析一通，然后罗列出几十个卖点，这样肯定是不行的。因为它根本就不是文案，只是售楼中心人手一本的"销讲百问"而已。

资深的销售人员都知道，如果你跟客户讲了100个卖点，实际上相当于没有卖点，对说服客户下单没有任何意义。

房产营销中有个樱桃树的故事。销售员带一对夫妻参观某所房子，刚进院子，妻子就兴奋地说："亲爱的！你看这里有棵樱桃树！我最爱樱桃了，这树真漂亮！"丈夫也感到惊喜。

后面进入客厅、厨房等室内房间，夫妻俩都不太满意，但每次销售员都回答："是的，这个房子并不完美。但它有个优点,是其他房子比不了的,因为无论从哪个房间往院子里看,都能看到那棵美丽的樱桃树。"

最后,尽管房子存在一些问题,那对夫妻还是买下了那所庭院。因为在庭院的正中央,有一棵美丽的樱桃树。

这个故事告诉我们,我们要想解决客户的重度决策问题,就要替他们先剔除大部分决策对象,并给出符合他们预期的优先级排序,或者利用樱桃树效应明确他们的预期,降低他们的决策难度,促使他们快速摁下购买按钮。

7.3 都是情绪惹的祸

你看过皮克斯的《头脑特工队》吗?

可爱的小女孩莱莉从小在父母的呵护下长大,脑海中保存着无数美好甜蜜的回忆。

在莱莉11岁的时候,由于父亲工作调动,他们举家搬到了旧金山,要准备适应新的环境。但就在此时,莱莉脑中负责控制快乐与忧伤的两位队员乐乐与忧忧却在茫茫脑海中迷失了,大脑总部只剩下掌管愤怒、害怕与厌恶的三位队员,导致本来乐观开朗的莱莉变成了愤世嫉俗的少女。

最终，乐乐与忧忧经过重重阻碍，回到了大脑总部，帮助莱莉重拾原本快乐正常的情绪。

这部获得2016年第88届金像奖的动画片想表达的是，喜怒哀乐等情绪是相辅相成的，有快乐就会有悲伤，有悲伤也会有快乐，这些都是我们人生的一部分。我们要学会接受每一种情绪，因为很多时候，悲伤会让我们得到释放，一直压抑自己，强颜欢笑，就会适得其反。

情绪驱动购买

情绪是人们从事某种活动时产生的兴奋心理状态。研究表明，人们80%的购买行为都基于感性情绪，而非理性逻辑。

为什么情绪会影响人们的购买行为呢？

神经学家的研究发现，哺乳动物大脑中有3个独立的**神经回路**，分别控制3种情绪反应。

（1）产生积极行为和快乐情绪，这让哺乳动物乐于探索周围的世界。

（2）产生战斗或逃跑的行为，即恐惧或愤怒情绪，这支配着战斗或逃跑的行为。

（3）产生消极行为和焦虑（抑郁）情绪，使哺乳动物行动僵硬、消极，甚至陷入精神假死的状态。

我们经常说，都是情绪惹的祸。比如我们经

神经回路是脑内处理信息的基本单位。

最简单的神经回路是反射弧，它一般由感受器、传入神经、神经系统的中枢部位、传出神经及效应器五个基本部分组成。

常在影视剧中看到，主人公在失恋或者心情不佳时，就喜欢出去旅游、购物，或者狂吃东西，这就是典型的情绪影响了行为。

"人类失去联想，世界将会怎样"，这是联想比较经典的一句文案。如果人类真的没有了联想能力，社会可能就停止前进了。

如果人类失去情绪，那会怎么样呢？

在《笛卡儿的错误》中，达马西奥介绍了一系列脑损伤的病例：菲尼斯·盖奇在一次工地事故中被铁棍"穿颅而过"，神奇的是，他竟活了下来，但从此变得判若两人，从一个平和、干练、稳妥的人变得放纵、粗俗、毫无目标。

类似的情况也发生在埃里奥特身上，这是一位企业高管，因脑肿瘤而切除了部分脑组织之后，他的智力、记忆力和逻辑思维能力依旧正常，甚至一些测试的成绩还高于常人，但他根本无法做出正确的决策。

也就是说，在这些病人脑组织的特定部位被损伤后，他们构建自身角色、遵守社会伦理和做出选择的能力消失了。

达马西奥对他们进行了各种检测，结果发现，这些脑损伤病人在患有决策缺陷的同时，无一例外都伴随着情绪和感受的缺失，比如当看到惊悚的图片时他们没有任何反应。换句话说，他们仍可以感知却无法感受，因而他们无法从自我感受出发做出正确的决策。

情绪是如此重要，如果你的文案不能让客户产生情绪上的波动和变化，也就很难让他们产生观点的变化，以及做出购买的决定。

一个人有多种情绪。心理学家保罗·艾克曼提出人类有快乐、悲哀、恐惧、愤怒、惊奇和厌恶6种基本情绪。而加州大学伯克利分校研究人员发现，人的情绪不止这些，其实有27种，还包括焦虑、嫉妒、崇拜等。

不过，写文案不用关注人类究竟有多少种情绪，只需要关注"唤醒度高"的情绪。

沃顿商学院市场营销学教授乔纳·伯杰在他的《疯传》一书中指出，高唤醒情绪往往更能激发人们的分享热情，而抑制情绪几乎不会促使人们分享信息。

情绪**唤醒度**是指从平静到兴奋，表征情绪的唤醒程度，一般认为这是大脑对注意力资源的一种分配。唤醒度评定通常用于情绪效价的定量评定，用1～9表示从最为平静到最为兴奋的心理状态。

唤醒度最高的4种典型情绪是快乐、恐惧、厌恶和愤怒，其中快乐是积极情绪，而恐惧、厌恶和愤怒是消极情绪。

文案要说服客户做出改变，就要重点关注快乐、恐惧、厌恶和愤怒这4种情绪。

1. 快乐

要展示更好的状态，让客户心生向往。

大多数文案都在营造一种积极的心理，刺激客户的多巴胺。当你把产品与一些积极、愉悦的事物联系在一起时，就会在潜移默化中把客户获得的积极情绪转移到你的产品上,从而达到"情感调节"的目的,也就是爱屋及乌效应。

比如2015年,可口可乐用"品味感觉"广告语代替了之前用了很多年的"畅饮开怀",就是提倡追求"要爽趁现在",获得客户情感认同后,再强调"人生苦短,不妨先享乐",从而激发客户的消费欲望。

2. 恐惧(包括厌恶和愤怒)

指出现存的问题,让客户渴望改变。

人的本能是趋利避害,通过文案唤起客户的恐惧、厌恶和愤怒情绪,引起客户逃避、改变的欲望,也是非常普遍和实用的方法。

心理学家的研究表明,人们对于失败的恐惧比对成功的渴望情绪强度更高。对成功的渴望倾向于麻痹客户,而恐惧才能真正激励客户,因为客户看到了那个"令自己恐惧的自己"。

比如山叶钢琴的经典文案:"学琴的孩子不会变坏",就利用了恐惧效应,因为家长最在乎孩子的身心健康,找到了对应的恐惧,也就找到了客户的买点。

恐惧效应一般利用人们害怕受到损失的心理,这时候他们必须做出行动,来减少或挽救这种损失。比如害怕因为迟到被扣钱,所以会从床上爬起来;害怕被人超越,所以努力学习。

恐惧一般是指人类面对某种事物或特殊情境时，企图逃脱或避免却又无能为力的一种心理反应。

当恐惧心理出现时，你明明知道没必要那样恐惧，但就是不能控制自我，严重时还伴有烦躁、焦虑、呼吸急促、头昏、恶心、呕吐，甚至休克等生理症状。

恐惧营销，也就是所谓的"贩卖焦虑"，通常是先激发客户的恐惧感，再推出产品。

要想让你的客户行动起来，不妨给他们制造一点恐惧。在《宣传力》中，社会心理学家安东尼·普拉卡尼斯和埃利奥特·阿伦森提出，一个完整的恐惧营销设计，包含以下 4 个部分。

（1）把人吓到；

（2）给出具体的解决方案（推出产品）；

（3）证明给出的方案能有效解决（减少）威胁；

（4）证明这个方案容易实施（行动成本低）。

其实那些所谓的"痛点文案""收钱文案"，大多是按照这个套路来创作的。

情绪指数

情绪和决策是紧密相关的。心理学家的研究表明：决策可以作为减少或增加消极情绪（如内疚、遗憾），或者减少或增加积极情绪（如骄傲、幸福）的一种渠道。

可以说，情绪直接驱动人们的购买行为，极大地影响生活和工作中意义重大的决策。

如果客户既没有高兴也没有害怕，他的情绪就像一潭平静的湖水，那他也就不会兴奋，不会紧张，处于一种事不关己的状态，也就不会把注意力集中到你的文案上，更不会火急火燎地去买你的产品。

所以，文案不是喋喋不休地宣传产品和相关内容，而是应该更多地想办法触动客户的情绪，引发他们的情感投入。

商务写作专家简·K.克莱兰在其《有效商务写作》一书中，提出了一种测定文稿质量的方法，也就是"情感指数"。

克莱兰认为，有效的写作就是用笔下的文字激励读者采取行动。为了达到这个目的，作者在写作过程中应该时刻想着读者，因为只有关注读者，才能有效地打动读者。

商务写作有"情感指数"，文案有"情绪指数"。情绪是文案的强大武器，相较于西方人，中国人的感性思维更发达。利用好情绪这个武器，你也就找到了触发客户情感的开关。

比如广漂一族，他们多为有着少数积蓄的中青年人，远离家乡、奔赴他乡奋斗，为城市的发展贡献青春，又独自承受着大城市的生活压力，苦闷、孤独、无奈，他们作为新广州人，希望有个家，结束漂泊的心酸。

保利花城纪，这是一个位于广州从化的大型住宅项目，为了走向广州市场，拉动广州刚需客户对项目的关注，提高项目知名度和溢价空间，在项目开盘之前，其由金燕达观操刀，于2019年4月8日至20日，展开了一场"花城没有异乡人"的情绪营销"战役"。

其发布的《异乡记》微电影,讲述了3个或误打误撞或追逐理想来到广州的年轻人,渴望安家的真人真事,展现了漂泊的不安。

"老是叫你懂事点,当你真的懂事了,心酸的却是我。"

"可以肆无忌惮的地方,才叫家。"

"一切安好,只是谎言,想要安定,才是现实。"

这次花城纪的文案,虽说不是贩卖悲伤,但也在集中火力营造心酸的情绪基调,通过纪录片、微电影、MV、地铁广告、公交车包站、明信片广告、微博热搜等进行情绪输出,极大地引发了广漂一族的情感共鸣,走进目标客户的内心,与其建立起了情感连接。

产品销量是检验文案的不变真理,在花城纪开放的当个周末,实现到访2 000组,项目路口甚至堵车1个多小时。在花城纪开盘当天,劲销8亿元,这是从化其他项目8个月才能实现的成绩。

悲伤是个体最早出现的情绪之一,也是人类很早就开始认识的一种情绪。

一般认为,悲伤是由分离、丧失和失败等引起的情绪反应。

7.4 你要像个销售员或调酒师

小陈大学毕业后,留在城市打拼了几年,攒了一些钱,想买套房,把家安下来。老家父母也很支持他，还说能帮他付首付。

这天，小陈下班途中看到一个售楼处，便走了过去。

一个漂亮的销售员热情地迎了上来，她把小陈带到了沙盘区域，介绍楼盘位置、区域现状、交通情况、规划设施等。接着她又引导小陈来到沙盘模型前，介绍规划设计、在售产品、园林景观等。然后她带小陈参观样板房，沿途介绍中心园林特点、植物特色等。

看完样板房后，销售员和小陈在洽谈区坐下来，她询问小陈对样板房的感觉，了解小陈的购房需求和资金情况，推荐小陈购买一套两居室户型的房子，最终小陈交了定金，并签署了认购书。

和销售员挥手告别后，小陈心里突然有些忐忑，心想自己是不是草率了点，买房这么大的事情就这样决定了吗？

其实，和小陈相似的购房者数不胜数。每个楼盘都有设计好的销售动线，销售员会利用沙盘区、品牌区、园林示范区、样板间等不同的关键节点，巧妙地说服客户，告诉客户这是他们最理想的投资或居住选择。通常，销售员一套完整的组合拳打下来，大多数客户都会乖乖掏出钱包。

无论房子、汽车，还是化妆品，销售员都会使用一种体验式的销售方式，让你真切感受产品，体会拥有产品后的愉悦感，并且让你确信，这是其他竞争产品无法提供的。

现场感

文案虽然不是销售员，没有办法面对面说服客户，但同样可以像销售员一样，用极具画面感和场景化的方法，营造出现场感。

这样，当客户在阅读文案时，就有如前面的小陈，产生被销售员引导着现场看房的身临其境的感觉，从而被打动和感染，以及做出购买的行为。

1. 画面感

就是客户看了文案后产生的联想，在文字中直面你所描述的世界，感同身受。

比如 2005 年汽车之家刚成立的时候，为了让人们对车内空间有直观感受，它便创造了"一个拳头"的尺度概念，比如"1 米 76 的个子，坐到前排的时候，调整好座位，头部离车顶还有一个半拳头的空间，坐到后排的时候，腿部还剩两个拳头的空间"这样的文案，能让客户很容易就想象到这辆车的空间是比较宽敞的。

在文案写作中，多用动词、名词，少用形容词和抽象词，同时巧妙使用比喻、参照、白描等写作技巧。这些技巧，都能让你的文案很有画面感，让客户产生现场感。

比如 2016 年，南孚推出了一款迷你充电宝，用以解决很多充电宝不易携带的痛点，其文案就是"小如口红"。

南孚文案把充电宝和一个口红进行对比，非常直观形象，每个人看了都能想象到：这个充电宝真的很小。

2. 场景化

所谓场景，是指戏剧、电影等艺术作品中的场面。在现实生活中，场景就是我们所处的真实情景，包括环境和状态。

人们的情绪和感受，不会无缘无故地产生，除去某些特定的生理原因，其基本都是场景下的外部刺激催生的。因此，描写场景中的独特点或细节，能够刺激客户的**镜像神经元**，引发他们的联想，产生代入感。

很多品牌还会通过持续的广告投入，强化文案的场景，让产品的场景抢占客户的心智。当客户有类似场景下的需求时，就会立即想起这个品牌的产品。

每个人关心的，永远都是自己的生活。因此，只要你的文案切入了客户的场景，就可以进入他们的内心。

比如凌仕男士香水的"别把你们的相遇交给命运"，MINI汽车的"浪迹天涯，四海为家，你在副驾"，努比亚的"可以拍星星的手机"，红牛的"困了累了，喝红牛"，香飘飘的"小饿小

镜像神经元是存在于大脑的一种特殊神经元，能够像照镜子一样通过内部模仿识别出所观察对象的动作行为的潜在意义，并且做出相应的情感反应。

由于镜像神经元的存在，我们才能吸收文化、迅速理解他人意图，以及体验他人的情感。

因此，研究者大胆断言，镜像神经元之于心理学，犹如DNA之于生物学。

困,喝点香飘飘",士力架的"横扫饥饿,做回自己",慢严舒柠的"你是不是感觉喉咙有异物,咳不出来又咽不下去,早上刷牙还恶心干呕,那是慢性咽炎的症状,得用慢严舒柠,不爽你就含一下",这些文案都很好地刻画了产品的使用场景,这些场景给客户带来了对生活的想象,这些想象让客户的内心产生向往,这些向往就让客户不自觉地摁下购买按钮。

有趣

签了购房合同的小陈回到住处后,还是很兴奋,于是他下楼进入街角的一家酒吧。

这家酒吧他经常去,慢慢就和里面的调酒师熟悉了。这是一名很友善的调酒师,记忆力超群,小陈第一次是和朋友去的,第二次去时,调酒师就直接叫出他的名字,让小陈很惊讶。

不过小陈更喜欢看调酒师调酒,因为他总是能耍出很多酷炫有型的花样。

小陈不想喝酒,他点了一杯酒心巧克力味儿的奶茶。调酒师拿出一个很高档的奶泡壶现泡红茶,把冰块加满雪克杯,在冰块上铺上原料,接着加入热茶,然后摇到原料全部融化,最后从雪克杯里倒出一杯冰奶茶。小陈在等待的过程中,一点也不觉得不耐烦,反而觉得有趣极了。

作家奥斯卡·王尔德说:"好看的皮囊千篇一律,有趣的灵魂万里挑一。"

人们都喜欢有趣的事物。而任何新鲜的东西,你都并不熟悉,于是会让你的肾上腺素激增,神经更加兴奋。然后,你就产生了所谓"有兴趣"的感觉。

同样,客户也不喜欢枯燥无味、没有任何新鲜元素的文案。奥格威在《奥格威谈广告》中专门说道:"假如大家觉得无趣,产品不可能卖得出去,你只能靠他们感兴趣来卖产品。"

比如2015年饿了么推出的品牌文案:"饿了别叫妈,叫饿了么",结合了在家里饿了叫妈的场景,让"饿了么"与"饿了,喊妈"产生情感关联,很容易引发客户的共鸣。

2017年网易考拉海购的文案"我不是狐狸精,但是我花钱比狐狸还精",其实也有同样的表达效果。

文案要如何才能有趣呢?

2022年,新东方的董宇辉老师在直播带货时说,你要表达风,你就不要去说风,你可以这样说:"山林间的迷雾,房檐上的风铃,三月倾斜的雨,秋天掉落的黄叶"。虽然没有提风,但每一个字都在说风。

对应文案来说,你在写文案时,可以通过侧面描写、对比、比喻、反衬、暗示、押韵等各种手法写出文案的趣味感。

比如比戈跑步学院在 2016 年北京马拉松最后 6 公里现场拉的标语，不是"再坚持一下，还有 6 公里就到终点了"，而是"还有 6 公里就可以发朋友圈了"。

2020 年的褚橙文案，写褚橙很甜，文案是"有时候我会觉得，人类的情话可以不用语言，一颗橙子就够甜了"；写雨水影响发货，文案是"客户们散落天涯催着单，却不知道没有一颗橙子在伞下"；写雨过天晴，预售转现货，文案是"时间里堆叠出来走心的甜，不敷衍"。一种大众水果，文案写得如此有趣，这也是褚橙畅销全国的一大原因。

7.5　客户是一种社会性动物

你一定经历过类似的场面，当一场辩论赛或音乐会结束时，前排的观众起立鼓掌。接着，后排的赞赏者也起立鼓掌。鼓掌的浪潮影响了其他比较冷静的观众，他们也站了起来，给予礼节性的鼓掌。

这时，你还会独自坐着做一个与众不同的少数吗？

你肯定不会，除非你真的非常厌恶刚才听到的内容，不然你很可能会随着人群起立鼓掌，至少短暂敷衍一下。

社会心理学家埃利奥特·阿伦森有一本社会心理学著作，书名叫作《社会性动物》，这本书被誉为**社会心理学**的"圣经"。

人也是社会性动物，是作为社会中的一员生存在这个世界上的。人们有自己的家庭，有不同的职业，每个人都在自己的岗位上辛勤工作，以提高自己的生活质量，推动社会经济的发展。

作为社会性动物，人们需要的不仅仅是食物和水，还需要亲密的人际关系和被他人喜爱带来的愉悦感。因此，人们在活动时会表现出有利于集体和社会发展的特性。

从众心理

你在坐电梯时，应该都是面对着门站立的吧？

社会心理学中有一个著名的电梯实验：在实验中，不知情的被试者走进了电梯，如果看到里面的几个人是背对着门站立的，被试者就算很迷惑，也会跟着慢慢转身，做出一样的反应。

而且在电梯已经关门的情况下，假设里面的其他人都戴着帽子，当他们都摘下帽子时，被试

> **社会心理学**是心理学的重要分支，是属于心理学和社会学之间的一门学科。
> 社会心理学研究的是个体和群体在社会相互作用中的心理现象和行为发生及变化规律。
> 个体社会心理现象指受他人和群体制约的个人的思想、感情和行为，如人际吸引、社会促进和社会抑制、顺从等。
> 群体社会心理现象指群体本身特有的心理特征，如群体凝聚力、社会心理气氛、群体决策等。

者也会慢慢跟着摘下帽子。

为什么人们会出现从众行为呢？因为大脑是追求安全感的，在群体环境中，为获得他人的接受与赞赏，避免被他人嘲笑，选择符合群体的规范和标准，是一种本能的倾向行为。

这就是从众心理，指的是人们在不确定时，会采取和他们喜欢、信任或者和他们类似的人一样的行动。

显然，文案要说服客户购买你的产品，利用从众心理就是很有效的一种方法。

比如拼多多的"3亿人都在拼的购物App"，加多宝的"中国每卖10罐凉茶，7罐加多宝"，豆瓣的"我们的精神角落"，别克昂科拉的"年轻！就去SUV"，OPPO的"更多年轻人选择的拍照手机"，利用的就是从众心理。

中国本土奶粉品牌飞鹤，2018年请国际明星章子怡做代言，成为首个销售额破百亿元的本土奶粉品牌，其最新的文案也改为："高端销量遥遥领先，一年超过2亿罐被妈妈选择"。

今天，很多文案善于利用**同侪压力**，制造一种"你的同龄人正在抛弃你"的恐惧感，让客户产生焦虑，使客户不得不购买产品或采取某种行为。

比如"班服你不买一件吗""不转不是中国人"，而上脸书的人经常会收到这样一种提醒消

同侪指与自己在年龄、地位、兴趣等方面相近的同辈。

同侪压力就是指同辈或朋辈施加的一种影响力。

息："你的好友乔森刚刚点赞了新款耐克鞋,同时还有60万人为它点赞",其利用的心理学原理就是同侪压力。

权威效应

一位心理学家曾经做过一个实验,他在给大学生讲课时,向学生介绍一位从外校请来的德语教师,说这位教师是从德国来的著名化学家。这位"化学家"煞有其事地拿出了一个装有蒸馏水的瓶子,说瓶中是他新发现的一种化学物质,有些气味,请在座的学生闻到气味时就举手,结果大多数学生都举起了手。

对于本来没有气味的蒸馏水,这位"权威"的化学家通过语言暗示,让大多数学生都认为它有气味。

所谓"人微言轻,人贵言重",一个人要是地位高、有威信、受人敬重,那他所说的话及所做的事就容易引起别人的重视,并相信其正确性,这就是权威效应,也称权威暗示效应。

心理学研究表明,人们对权威会有一种天然的服从,就像老师之于学生,医生之于病人。权威效应普遍存在,是因为人们有安全心理、认可心理和赞许心理的倾向。

在文案中,利用权威效应说服客户的例子很

多,如利用知名的行业专家、组织、明星等意见领袖宣传产品,以及展示权威认证和社会认证等,从而增强客户的信任。

比如劲霸男装的"入选卢浮宫的中国男装品牌",喜马拉雅的"背诗神器,北大妈妈给孩子的诗词课",2017年雅诗兰黛请杨幂代言后,在产品营销中,就使用了很多类似"杨幂同款|雅诗兰黛333,秋冬必备枫叶红"的文案。

补偿心理

当今的每一个人,都不仅仅满足于简单生存,他们还想要生活得更好,照顾好自己的家人,获得社会的认同。

你可能知道,拆迁需要补偿,征地需要补偿,离婚需要补偿等。但你知道吗,我们的心理其实也需要补偿。

所谓心理补偿,是指人们在适应社会的过程中总会出现一些偏差,以求补偿。补偿心理是我们为达到心理平衡的一种内在要求而产生的,比如一个人失恋了,就会产生一些补偿行为,如购物、看电影、旅游等。

很多文案很巧妙地利用客户的补偿心理和代偿心理。比如三全水饺的"吃点好的,很有必要",就是告诉你工作辛苦,下班后没时间做饭,那就吃点三全水饺犒劳一下自己吧！而航班管家的"你看过的风景，都是你的化妆品"，则是鼓励女性多去旅游，拓宽眼界。

除了补偿自己，我们还会补偿父母、孩子，以及身边的亲朋好友，尤其是当你付出很少，而他们付出很多的时候，你会产生强烈的愧疚感，想要做出补偿行为，让自己心安。

经济学中有一个重要概念，叫作**心理账户**，说的是我们的大脑中有另外一个账户，如果你是在为家人购买东西，就会更容易完成付费。

你的文案就是要告诉客户，要感恩、补偿那些重要的人，而你的产品就是很好的补偿选择。

比如明基投影仪的"就算是家人，也要继续当恋人"，苹果 iPad 的母亲节文案"让妈妈开心的礼物，开了又开"，皇家芝华士的"如果你不值得送皇家芝华士，还有谁值得"等，就是通过唤起客户的补偿心理，让他们觉得买这个产品是正当消费，合情合理，降低购买时的心理门槛。

方太一直是优秀文案的高产出者，2017 年，为了宣传旗下的水槽洗碗机，方太为其赋予了一个"妈妈的时间机器"的概念，并连续举办了多季营销活动。

在"妈妈的时间机器"第一季中，方太发布了一个短片，讲述一位妈妈利用每天一小时的时间写了一本著作，但当她在台上发表获奖感言时，

心理账户是行为经济学中的一个重要概念，1980 年由芝加哥大学行为科学教授理查德·塞勒提出。

简单地说，就是每个人心里都有几个小账本，什么钱，花在哪，分得清清楚楚，一般不会随便转化，这些小账本就叫作心理账户。

由于心理账户的存在，人们在做决策时往往会违背一些简单的经济运算法则，从而做出许多非理性的消费行为。

书竟然是空白的。原来她做了一个白日梦，因为她的时间都用来洗碗了，随后很自然地引出"要捡起心中的梦，先放下手中的碗"的主题。

同时，方太还为水槽洗碗机发布了一系列平面广告，文案都非常精彩，直击妈妈们对家庭的辛勤奉献。比如：

"妈妈想开一场个人演唱会
多帮她洗一次蔬果碗盘
她就能多点时间
练一会儿轮指扫弦"

"妈妈想把阳台变成花园
多帮她洗一次蔬果碗盘
她就能多点时间
和金边吊兰多一会儿交谈"

"妈妈想在一个月内 KO 小肚腩
多帮她洗一次蔬果碗盘
她就能多点时间
踩蹋沙袋"

方太的这些文案，正文均由 4 句话构成，第 1 句展现了妈妈的身份，描写她的梦想与目标，第 2 句是产品属性，第 3 句是利益点，第 4 句是节省时间后为实现梦想可以做的小事，具体又直观地体现了水槽洗碗机节省时间的功能。再加上随文"岂止会洗碗,还能去果蔬农残",就更能打动客户了。

妈妈也有梦想、有憧憬,同样可以活得自信和美丽。换作是你,会让妈妈放弃心中的梦想吗?肯定不会,那你还不赶快买!

7.6 利用决策偏误影响你的客户

2014年,得到App创始人罗振宇在罗辑思维的微店推出一个神秘图书包,里面是罗振宇为读者挑选的6本书,放在一个定制的箱子里,售价499元,限量8 000套。而且书名不公布、不打折、不预热,只在微店上卖。

你觉得它会好卖吗?

结果是,6月17日早上6点半开售,到早上8点,仅用90分钟,8 000套图书包全部售罄。到中午11点37分,5个小时的时间,所有订单支付完毕,图书包下架。

其间,发生了一件很有趣的事。有个黄牛觉得这是一个难得的商机,他买了11套,挂在淘宝和他自己的微信朋友圈里卖,刚开始标价998元,无人问津,后来一直降到300多元,陆续卖出了4套,之后就无人问津了。于是他连续打了很多个电话给客服人员,强烈要求退 7 套。

退货当然是不行的,这个黄牛气疯了:"我就奇怪了,同一个图书包,为什么罗振宇招呼一声就能卖,我招呼就不能卖?!"

今天来看,罗辑思维图书包不过就是一个图书盲盒而已。但为什么在罗辑思维的微店,其能瞬间售罄,而在淘宝和黄牛的朋友圈,却大幅降价也卖不掉呢?

这背后的原因,就是人们有**决策偏误**。

有限理性

一个汉堡店,分别推出了两则广告,意思一样,只是表达方式不同,结果销量大为不同。

一则为:"该食品 80%没有脂肪"。

另一则为:"该食品有 20%脂肪"。

汉堡店分别使用这两则文案销售汉堡,前者的销售额比后者的销售额足足高出 50%。

你看,明明描述的事实一模一样,但因为客户是有限理性的,导致大多数人都会倾向于购买前一则文案销售的汉堡。

所谓有限理性,指的是我们的理性是介于完全理性和完全非理性之间的有限理性。

决策偏误也叫决策偏差,是指人们在决策过程中,实际状态与期望状态之间存在的距离。

人不是理性的,判断充满了偏误。不过,尽管各种决策偏误背离理性,使人们产生误判,但从决策效率和策略的角度来说,决策偏误却是人类面对模糊信息时的最佳策略。

管理学家赫伯特·西蒙认为，建立在"**经济人**"假说之上的完全理性只是一种理想模式，他提出用"**社会人**"取代"**经济人**"，大大拓展了决策理论的研究领域。

想想看，你要如何才能做到理性决策呢？

理性决策有 3 个基本要素。

1. **有知识**

在决策过程中，要收集尽可能完整的信息。

2. **合乎逻辑**

决策过程完全遵循事实、逻辑和分析。

3. **无偏见**

排除一切干扰情绪和干扰因素。

对照这 3 个要素，你还觉得自己能做到理性决策吗？

收集信息本身就是一件高成本的事情，再加上每个人都有根深蒂固的观念，喜欢短期的确定的收益，因此就容易受有限信息和无关信息的影响，在决策时出现偏误，从而产生误判。

经济学家约翰·穆勒在亚当·斯密《国富论》的基础上，总结出"**经济人**"假说，认为人具有完全的理性，可以做出让自己利益最大化的选择。

与经济人相对，社会人是有限理性的。在社会学中，社会人是指具有自然和社会双重属性的完整意义上的人，除了要满足物质方面的需求，还要满足心理和社会方面的需求。

认知偏误

人类在进化的长河中，常常面临信息不充分、模糊，甚至歧义的情况，同时，人类大脑的容易和处理信息的能力又是非常有限的。在信息和资源双重匮乏的前提下，人类如果不能快速决策，就可能贻误时机，带来风险和生存威胁。

因此，人类发展出基于经验的决策策略，也就是所谓的各种经验法则，常见的有**基本归因错误**、易得性启发、禀赋效应、损失厌恶，以及前面提到的从众心理和权威效应等。

以上的这些现象，都属于人类的认知偏误。它们是我们思考问题或做决策时，大脑会有的一些固定的思维倾向，导致决策偏误。

维基百科英文版的"认知偏误列表"词条总结了175种认知偏误，由近千人编辑而成，每种都有对应的名称、分类和描述，参考资料达到100多条。

Slack平台产品团队负责人，曾任职于推特和亚马逊的巴斯特·本森，对这175种认知偏误进行了梳理，并按这些偏误产生和运作的思维机制，把它们分成了4个大类，让我们可以更简单、清楚地理解为什么会出现这些偏误，以及它们起到的作用和导致的问题。

1. 信息过载

在这个信息大爆炸的时代，我们必须主动对信息进行过滤，大脑也进化出一些简单的原则来接收最有价值的信息。

大脑更容易注意到符合信念的信息，以及那些有趣的、已经熟悉或反复提及的事物和有所变化的事情。因此，有时噪音反而成了信号。

基本归因错误是归因偏差的一种，是指观察者倾向于把行为者本身看作其行为的起因，而忽视了外在因素可能产生的影响。

在心理学家看来，基本归因错误背后的心理机制，可能在于人们把"认知显著性"当作快速决策和推断的线索。

类似的偏误有选择性知觉、雷斯多夫效应、重复效应、期望效应、鸵鸟效应、确认偏误、注意力偏误、易得性偏误、框架效应等。

2. 信息的意义不明确

缺乏意义的零散信息会困扰我们的大脑，所以我们自行脑补了信息中缺失的部分。

大脑会依靠刻板印象看待眼前的事物，认为自己熟悉、喜爱的人和事会更好，会简化数学问题，用现在的思维模式来推测将要发生的事情。

类似的偏误有功能固着、蒙面人谬误、镁光灯效应、**啦啦队效应**、光晕效应、投射效应、正面效应、幸存者偏差等。

> **啦啦队效应**，是指比起拍独照，拍合照可能会让人觉得看起来更具吸引力的现象。
> 心理学研究发现，人们普遍认为一个人在群体中比独处时更具吸引力。

3. 大脑必须迅速采取行动

为了避免错失机遇，大脑来不及认真做出反应，因此我们会匆忙下定论。

完成一件事情对大脑有着莫大的吸引力，大脑更关心与自己有关的、当下的信息，喜欢简单的选项，倾向于维持现有的状况，避免损失。

类似的偏误有**稀缺效应**、损失厌恶、过度自信效应、自我中心偏误、控制的错觉、巴纳姆效应、沉没成本、宜家效应、禀赋效应等。

> 在消费心理学中，由"物以稀为贵"而引起的购买行为增加的现象，称为**稀缺效应**。产品稀缺意味着其可得性受到限制，从而会激发人们强烈的购买欲望。

4. 对浩瀚的记忆做出取舍

大脑存不下所有的记忆，所以我们只想记住信息中最重要和最有用的部分。

因此，大脑更喜欢概括性的信息，我们只记

得住事物或者信息列表中的关键要素，还会在事实的基础上进行编辑和加工。

类似的偏误有峰终定律、首因效应、近因效应、序位效应、刻板印象、**暗示效应**、间隔效应、谷歌效应等。

因为大脑要解决以上 4 大问题，导致产生了认知偏误，蒙蔽了双眼，给自己植入了幻觉，快速做出的决定往往不是最佳的选择。

但对文案来说，这恰恰是说服客户的最佳选择。西奥迪尼在畅销书《影响力》中提出的影响客户决策的 6 大影响力法则（互惠、喜好、社会认同、权威、稀缺、承诺与一致），其实利用的都是认知偏误中的典型偏误。

比如一批衣服，标价 80 元，一直卖不出去，但在原价前面加个 1 变成 180 元，然后进行 45 折促销。很快，这批衣服就以 81 元的价格全部卖光。

这里利用的就是**锚定效应**，客户的心理很简单，看到 180 元的衣服打 45 折，就觉得捡了个大便宜，可以少付约 100 元。

拼多多推出"百亿补贴"活动时，利用锚定效应，把补贴直接放在当年最新款的 iPhone 上，肉眼可见、全网最低。因为 iPhone 的价格人们都很清楚，当客户看到类似"拼多多 9.9 元买 iPhone12"的宣传文案时，感觉真的很便宜，也就觉得在拼

暗示效应是指在无对抗的条件下，用含蓄、抽象的间接方法对人们的心理和行为产生影响，从而诱导人们按照一定的方式去行动或接受一定的意见，使其思想、行为与暗示者期望的目标相符合。

文案中常用的 3 大暗示效应，分别是巴纳姆效应、霍桑效应和皮格马利翁效应（期待效应）。

锚定效应，又称沉锚效应，指的是人们在对某人某事做出判断时，易受第一印象或第一信息支配。就像沉入海底的锚一样，其把你的思想固定在某处。

多多上买东西也很便宜。虽然客户不一定会买iPhone，但他们会看看其他商品。

很多年前，有一家开发商在上海浦东新区的康桥镇盖别墅，当时那里还很偏僻，只有蚊子和农田。广告文案突出的是环境好、价格便宜，但销量一直不佳。

后来，开发商换了营销总监，出了新的宣传手册，文案换成了我们都熟悉的"几年前，你本有机会……"写法，成交量立马猛增。

"十年前，

你有机会在虹桥买别墅，但你认为太偏了，你失去了第一次机会。

五年前，

你有机会在金桥买别墅，但你认为太偏了，你失去了第二次机会。

今天，

你有第三次机会，在康桥买别墅，你会再次失去这个机会吗？"

这则文案利用人们**损失厌恶**的认知偏误，让客户变得敏感：他们想得到一个高性价比的住所，不想失去人生的一次投资机会。

于是，客户出手了。

损失厌恶，又称损失规避，是指在面对同等的损失和收益时，人们感到损失带来的痛苦会比收益带来的愉快更加强烈，因此更倾向于规避损失而不是争取收益。

卡尼曼和特沃斯基在1992年发表的论著《展望理论进步：不确定性的累积表示》中，量化分析了损失带来的痛苦，其至少是收益带来的愉快的2倍。

当然，这些客户的决策没有错。2016年，在上海迪士尼开业后，康桥的别墅已不是普通人能够买得起的了。

本章扩展阅读

[1] 罗伯特·西奥迪尼. 影响力[M]. 闾佳, 译. 北京：北京联合出版公司, 2021.

[2] 迈克尔·舒德森. 广告：艰难的说服[M]. 陈安全, 译. 北京：华夏出版社, 2003.

[3] 瑞·达利欧. 原则[M]. 刘波, 綦相, 译. 北京：中信出版社, 2018.

[4] 杰弗里·米勒. 超市里的原始人[M]. 苏健, 译. 杭州：浙江人民出版社, 2017.

[5] 乔纳·伯杰. 疯传[M]. 乔迪, 王晋, 译. 北京：电子工业出版社, 2020.

[6] 安东尼·普拉卡尼斯, 埃利奥特·阿伦森. 宣传力[M]. 林夕榆, 译. 北京：新华出版社, 2014.

[7] 简·K.克莱兰. 有效商务写作[M]. 余莹, 译. 北京：清华大学出版社, 2003.

[8] 大卫·奥格威. 奥格威谈广告[M]. 高志宏, 译. 北京：中信出版社, 2021.

[9] 埃利奥特·阿伦森, 乔舒亚·阿伦森. 社会性动物[M]. 邢占军, 黄立清, 译. 上海：华东师范大学出版社, 2020.

未经许可，不得以任何方式复制或抄袭本书之部分或全部内容。
版权所有，侵权必究。

图书在版编目（CIP）数据

文案心理学：引爆产品的 7 个文案心法 / 汪吉，汪豪著. — 北京：电子工业出版社，2023.4
ISBN 978-7-121-45306-9

Ⅰ.①文… Ⅱ.①汪… ②汪… Ⅲ.①广告文案 Ⅳ.①F713.812

中国国家版本馆 CIP 数据核字（2023）第 051771 号

责任编辑：黄　菲　　文字编辑：刘　甜　王欣怡
印　　刷：三河市良远印务有限公司
装　　订：三河市良远印务有限公司
出版发行：电子工业出版社
　　　　　北京市海淀区万寿路 173 信箱　邮编：100036
开　　本：880×1230　1/32　印张：9.375　字数：236 千字
版　　次：2023 年 4 月第 1 版
印　　次：2023 年 4 月第 1 次印刷
定　　价：68.00 元

凡所购买电子工业出版社图书有缺损问题，请向购买书店调换。若书店售缺，请与本社发行部联系，联系及邮购电话：（010）88254888，88258888。

质量投诉请发邮件至 zlts@phei.com.cn，盗版侵权举报请发邮件至 dbqq@phei.com.cn。

本书咨询联系方式：424710364（QQ）。